Heinrich Jacoby

Jenseits von »Musikalisch« und »Unmusikalisch«

Die Befreiung der schöpferischen Kräfte dargestellt am Beispiele der Musik

Herausgegeben
von Sophie Ludwig, Berlin

Heinrich Jacoby
Elsa Gindler
Stiftung

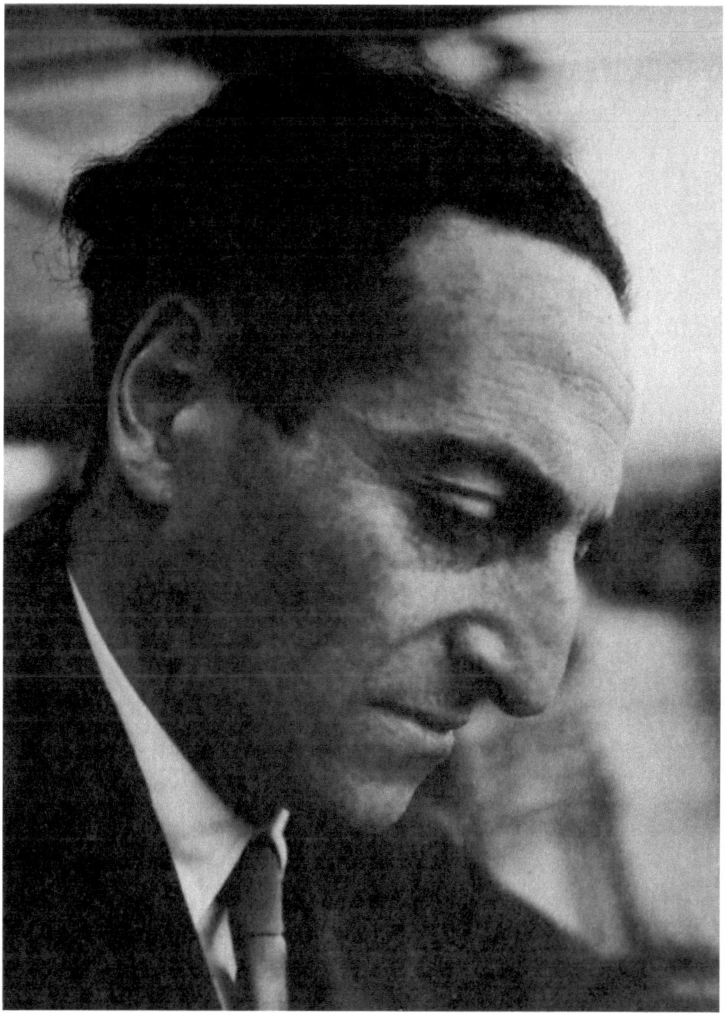

Heinrich Jacoby 1926, Foto: Lucia Moholy

Inhalt

Vorwort

VORWORT ZUR 2. AUFLAGE

Lange war dieses Buch vergriffen. Jetzt hat Rudolf Weber es mit Anmerkungen versehen, welche die einzelnen Beiträge Lesenden heute durch Hinweise auf ihre Entstehungszeit und die Umstände ihrer Entstehung in ihrer gegenwärtigen Aktualität noch prägnanter werden lassen. Zudem verdeutlicht ein neu aufgenommener kurzer Artikel Heinrich Jacobys zusätzlich eine sehr frühe Etappe der Entwicklung seiner Arbeit. Die Dokumente selbst und die von der damaligen Herausgeberin Sophie Ludwig beigefügte Kurzbiografie sind unverändert.

Berlin, Juli 2018

Anmerkungen

ANMERKUNGEN ZUR ERWEITERTEN NEUAUFLAGE VON „JENSEITS VON ‚MUSIKALISCH' UND ‚UNMUSIKALISCH'"

Die Befreiung der schöpferischen Kräfte
dargestellt am Beispiele der Musik

von Rudolf Weber

Die Neuauflage des Buches „Jenseits von ‚Musikalisch' und ‚Unmusikalisch'" ist hier durch die erste Veröffentlichung Heinrich Jacobys ergänzt. In ihr stellt er seinen geplanten musiktheoretischen Unterricht an der Bildungsanstalt Jaques-Dalcroze vor. Im Übrigen bleibt das Buch aus dem Jahre 1984 unverändert. Die drei Vorträge und der Bericht aus der ersten Ausgabe erscheinen also als Dokumente in einem Dokument, dem von Sophie Ludwig herausgegebenen „Jenseits von ‚Musikalisch' und ‚Unmusikalisch'". Es gibt mit den Veröffentlichungen von 1913 bis 1927 einen Einblick in die Entwicklung der Forschung von Heinrich Jacoby, der sich dann mit der elektronischen Aufzeichnung von Kursen eine neue und weitergehende Möglichkeit dienstbar gemacht hat.

Mit diesen vorangestellten „Anmerkungen" wird versucht, der Leserin und dem Leser Anhaltspunkte bereitzustellen, die jeweiligen Lebenssituationen Heinrich Jacobys und die Umstände, unter denen die Vorträge gehalten wurden, in die Lektüre der Publikationen einzubeziehen.

Die Neuauflage des Buches „Jenseits von ‚Musikalisch' und ‚Unmusikalisch'" ist hier durch die erste Veröffentlichung Heinrich Jacobys ergänzt. In ihr stellt er seinen geplanten musiktheoretischen Unterricht an der Bildungsanstalt Jaques-Dalcroze vor. Im Übrigen bleibt das Buch aus dem Jahre 1984 unverändert. Die drei Vorträge und der Bericht aus der ersten Ausgabe erscheinen also als Dokumente in einem Dokument, dem von Sophie Ludwig herausgegebenen „Jenseits von ‚Musikalisch' und ‚Unmusikalisch'". Es gibt mit den Veröffentlichungen von 1913 bis 1927 einen Einblick in die Entwicklung der Forschung von Heinrich Jacoby, der sich dann mit der elektronischen Aufzeichnung von Kursen eine neue und weitergehende Möglichkeit dienstbar gemacht hat.
Mit diesen vorangestellten „Anmerkungen" wird versucht, der Leserin und dem Leser Anhaltspunkte bereitzustellen, die jeweiligen Lebenssituationen Heinrich Jacobys und die Umstände, unter denen die Vorträge gehalten und veröffentlicht wurden, in die Lektüre der Publikationen einzubeziehen.

1913

1913 wurde Heinrich Jacoby an die „Bildungsanstalt Jaques-Dalcroze" in Dresden-Hellerau berufen, um dort musiktheoretischen Unterricht zu erteilen und bei der Einstudierung der jährlichen Festspiele mitzuwirken. Er wurde gebeten, seinen musiktheoretischen Unterricht in den Berichten der Bildungsanstalt im Zusammenhang zu der Methode Jaques-Dalcroze zu erläutern. Unter dem Titel „Zur Einführung des Theorie- und Harmonieunterrichts" (1) entstand so seine erste, die Musik betreffende Veröffentlichung.
In dem kurzen Text verdeutlichen sich seine Erfahrungen, die er als Volontär am Stadttheater beim Einstudieren der Musik mit Instrumentalisten und Sängerinnen und Sängern machen konnte. Dabei beobachtete er das „übliche Geschimpfe" und die „Verzweiflungsausbrüche", mit denen gegen vermeintliche „Unfähigkeiten" „vergeblich gekämpft wurde". 1935 schreibt er dazu: „Gerade solche Schwierigkeiten begannen mich zu interessieren: Ich selbst hatte mich mit großen körperlichen Behinderungen infolge vielen Krankseins in der Jugend und mit damit zusammenhängenden Arbeitskonflikten während meines Studiums herumzuschlagen. In dem Maße, in dem mir die Überwindung bei mir selbst gelang, wurde ich skeptisch gegenüber der Meinung von der Unüberwindbarkeit solcher Schwierigkeit bei anderen." (2) Er suchte und fand bereits während seines Volontariats Lösungen, solche Hemmungen und Verstörungen,

die diesen Schwierigkeiten bei den Musizierenden zugrunde lagen, gemeinsam mit den Betroffenen durch zweckmäßige Mittel und Wege zu überwinden. Wenn er in seiner Erläuterung zum „Theorie- und Harmonieunterricht" von der „Befreiung von Hemmungen, Erziehung zur Konzentration" schreibt, ist seine Zuversicht durch eigene Erfahrungen gestützt.

Da mit dem üblichen musiktheoretischen Unterricht, wie er wohl seinerzeit an Konservatorien überwiegend erteilt wurde, eine Weitergabe von Wissen einherging, dem lediglich isolierte Klangbeispiele anhingen, war es ermutigend für die Studierenden zu erfahren, dass praktische Übungen vor einem Erlernen von Terminologie stehen sollten. Die Methode Jaques-Dalcroze beruhte überwiegend auf praktischen Übungen.

In dem Text von Heinrich Jacoby kommen Erwartungen und Hoffnungen zum Ausdruck, die mit dem Beginn des ersten Weltkrieges und damit, dass Emil Jaques-Dalcroze aus Deutschland verwiesen wurde, sich nur in Ansätzen verwirklichen ließen. Mit dem Eintritt des Deutschen Reiches in den Krieg am 1. August 1914 wurde die Bildungsanstalt geschlossen. In der nachfolgenden Institution „Neue Schule für angewandten Rhythmus" unter der Leitung der Deutsch-Amerikanerin Christine Baer-Frisell, der auch die Rechte der ehemaligen Bildungsanstalt übertragen wurden, konnte die Arbeit nur eingeschränkt fortgesetzt werden, da die Gebäude zu Lazarettzwecken benötigt wurden. Heinrich Jacoby wurde zudem 1916 zum Kriegsdienst eingezogen.

*

1921

Heinrich Jacoby wurde 1917 vorzeitig wegen einer Erkrankung aus dem Militärdienst entlassen. Seine Vorgesetzten stellten ihm ein gutes Zeugnis aus. (3)

Seitens der „Bildungsanstalt Jaques-Dalcroze" wurde ihm 1919 ein sehr positiver Bericht über seine nun umfassenderen Tätigkeiten von 1913 bis 1919 mitgegeben (3), in welchem, neben der Einstudierung der jährlichen Festspiele und des musiktheoretischen Unterrichts, Solfège und Improvisation, die besonderen Musikkurse zur Entwicklung von Rhythmusgefühl, Hörfähigkeit, Fantasie, Konzentrationsvermögen, musikalischem Gedächtnis in ihrer Bedeutung für die Ausbildung der Studierenden besonders hervorgehoben sind. Man bedauerte, dass die klimatischen Verhältnisse der Dresdner Heide ihm eine weitere Tätigkeit in Hellerau unmöglich machten. Auf ärztliche Verordnung musste er seinen Arbeits- und Wohnsitz in südliche Teile des Landes verlegen.(4)

Heinrich Jacoby siedelt 1918 mit einigen „Schülern" nach München um und setzte seine in Hellerau begonnenen Musikkurse und die damit verbundenen Erkundungen und Beobachtungen von Verhaltensänderungen dieser „Schüler" fort. Als er sich 1919 um eine Stelle als Musiklehrer an der Odenwaldschule bewarb, verwies er auf das Konzept einer geplanten Veröffentlichung, die zwar noch nicht zur Hand sei, jedoch die „Grundlagen einer schöpferischen Musikerziehung" thematisieren sollte.
Diesem Forschungsinteresse folgte er dann auch in seinem neuen Tätigkeitsbereich ab 1919, dem Musikunterricht an der Odenwaldschule.
Die heute übliche Vorstellung von Musikunterricht gab es in dieser Zeit nicht. Es wurde Gesangsunterricht erteilt, in dem hauptsächlich geistliche und vaterländische Lieder geübt wurden, damit Gottesdienste und nationale Feiertage vorbereitet waren. Die musiktheoretische Wissensvermittlung war an den Gesangsunterricht gekoppelt, um Notenschrift und einige harmonische Grundkenntnisse zu vermitteln. Sie sollten dem Gebrauch von Gesangbüchern und Notenblättern dienen. Alle weitergehende Ausbildung im instrumentalen oder vokalen Bereich beruhten auf privaten Initiativen. Das galt zunächst auch an der Odenwaldschule.
Doch Heinrich Jacoby begann einen Musikunterricht, der das Ziel verfolgte, die naturgegebene Veranlagung aller Kinder und Jugendlichen anzusprechen, dagegen etwaige Begabung oder Nichtbegabung außer Acht zu lassen. Er wollte die „scheinbar bestehende Unmusikalität der Schüler [zu] überwinden", wie es Heinrich Meng in einem Gutachten (1939) formuliert (4). Von Fritz Karsen liegt eine Beschreibung von Heinrich Jacobys Musikunterricht vor, in der die musikalische Ausdrucksfähigkeit der Schülerinnen und Schüler sowie die entsprechenden Förderungen durch Erfahrungsgelegenheiten, die Heinrich Jacobys bereitstellte, dargestellt sind (5).

Fritz Karsen kam wahrscheinlich als wissenschaftlicher Mitarbeiter des Preußischen Kulturministeriums an die Odenwaldschule, in dessen Auftrag er Hospitationen durchführte und dabei möglicherweise Reformbestrebungen besonders interessierten. Neben dem Musikunterricht konnte diesen Besuchern auch das Forschungsinteresse Heinrich Jacobys bemerkenswert sein. Das Vorhaben, die eigene unterrichtliche Tätigkeit mit empirischen Verfahren zu begleiten, war sicherlich sehr selten anzutreffen. Dabei wurde seine Haltung zu Schülerinnen und Schülern deutlich, sie ernst zu nehmen und mit ihnen als Gleichberechtigten umzugehen. Seine schriftlichen Beurteilungen in den Zeugnissen, die es auch an der Odenwaldschule für die staatliche Kontrolle geben musste, zeigen persönliche Einschätzungen jenseits jeder Rangordnung. In den Protokollen der Schulgemeinde an der Odenwaldschule lässt sich außerdem lesen, dass diese grundsätzliche Einstellung zu Menschen auch seinem Wirken außerhalb des Musikunterrichts galt, etwa in Fragen des schulischen Lebens und des Umgangs miteinander (6).

Wie zur Bildungsanstalt Jaques-Dalcroze zog es auch zahlreiche Neugierige und Interessierte zur Odenwaldschule. Unter den Besuchern der Odenwaldschule herrschten neben Künstlerinnen und Künstlern Reformpädagogen vor, zu denen auch Paul Geheeb, der Gründer (1910) und Leiter der Odenwaldschule, gehörte.
Heinrich Jacoby konnte viele von ihnen kennen lernen. Besonders die Bekanntschaften mit Elisabeth Rotten und Franz Hilker wurden für ihn wichtig. Beide waren Gründungsmitglieder des „Bundes Entschiedener Schulreformer" (1919) und Elisabeth Rotten 1921 zudem, zusammen mit Beatrice Ensor und Adolphe Ferrière, Gründerin der internationalen „New Education Fellowship", die bis heute existiert. Dieser Vereinigung trat Heinrich Jacoby 1921 ebenfalls bei.
Franz Hilker und Elisabeth Rotten anerkannten die Forschung von Heinrich Jacoby und waren daran interessiert, dass er seine Erkenntnisse öffentlich vortrug, zur Diskussion stellte und publizierte. Anlässlich der Kunsttagung des „Bundes entschiedener Schulreformer" 1921 bot sich dazu eine erste Möglichkeit.
Am 4. und 5. Mai 1921 fand in Lankwitz, das 1920 in Berlin eingemeindet worden war, eine „Kunsttagung des Bundes entschiedener Schulreformer" statt, die am 4. Mai nachmittags und abends begann, wobei neben der Eröffnung durch den Bundesvorsitzenden Paul Oestreich allgemeine Fragen aufgeworfen wurden: „Schule und Kunst" (Franz Hilker), „Die psychologischen Grundlagen der Kinderkunst" (Oscar Wulff), „Kulturwissenschaftliche Grundlagen der musikalischen Erziehung" (Walter Kühn), „Körper und Rhythmus" (Siegfried Rawerau).
Den Abend gestaltete der Bürgermeister von Berlin-Lankwitz, Otto Ostrowski, mit der Unterstützung und den Vorführungen des „Instituts für Kulturforschung" zum Thema Film und Marionettentheater.
Am 5. Mai, vormittags, wurden Vorträge zur Bildenden Kunst gehalten, am Nachmittag Vorträge zur Musik.
Heinrich Jacoby eröffnete diese nachmittägliche Reihe mit seinem Vortrag unter dem Titel „Aufgaben der Musik in der allgemeinen Erziehung". Die spätere Druckle-

gung dieses Vortrages erschien unter dem Titel „Grundlagen einer schöpferischen Musikerziehung" im Märzheft der Monatsschrift für die Zukunft deutscher Kultur, in der auch der Ablauf der Tagung beschrieben ist. Dieser Vortrag wurde ebenfalls und gleichzeitig im Buch von Max Epstein: „Buch der Erziehung", im traditionsreichen Braunscher Verlag, 1922 in Karlsruhe herausgegeben. 1925 erschien in der Zeitschrift „Das Werdende Zeitalter", im 4. Jahrgang, Heft 4, eine weitere Drucklegung unter dem Titel „Die Befreiung der schöpferischen Kräfte". Außerdem wurde der Vortrag unter dem Titel „Grundlagen einer allgemeinen Musikerziehung" in den Zeitschriften „Die neue Erziehung", 3. Jahrgang, Heft 5, 1921, S. 155-158 und „Die Lebensschule", Heft 10, 1922, S. 44-55, sowie in „Muse des Saitenspiels. Fach= und Werbemonatsschrift für Zither=, Streichmelodien = und Lautenspiel", 3. Jahrgang, Heft 7, Juli 1921 gedruckt.
Nach Heinrich Jacoby sprach am 5. Mai Fritz Jöde zum Thema „Musik in der Schule". Er hatte in dieser Zeit seine Tätigkeit als Volksschullehrer unterbrochen, um Musikwissenschaft zu studieren. Fritz Jöde gehörte zu den führenden Persönlichkeiten der Jugendmusikbewegung und tendierte dazu, für eine Erziehung durch Musik zu plädieren, wobei dem Singen besonders bewegende Wirkung zugesprochen und von ihm auch bei großen Menschengruppen erfolgreich erprobt wurde. Der dritte Redner des Nachmittags, Hilmar Höckner, warnte dagegen in seinen Überlegungen davor, im Schulunterricht die durchaus vorhandene emotionale Wirkung der Musik zum Inhalt zu machen. Vielmehr ging es ihm um die „Pädagogische Behandlung der musikalischen Sachwerte", so der Titel seines Vortrags.

Das Erleben von Musik, das Heinrich Jacoby vorstellte, und die Bedeutung von Musikalität, die er entwickelte, losgelöst von der Kunstwerk-Ideologie, als eine allgemeine Veranlagung jedes normalen Menschen, als Ausdrucksmittel, das jedem zur Verfügung steht, hat er damals schon bei vielen Probanden nachgewiesen. Er unterscheidet also Musik im allgemeinen Sinne von der unausgesprochenen allgemein herrschenden Kunstmusik-Tradition, die die Überlegungen der beiden anderen Redner wahrscheinlich erheblich beengt hat. Die Reden beider stehen uns schriftlich nicht zur Verfügung, aber aus anderen Verlautbarungen von ihnen und über sie, lassen sich die obigen Schlüsse ziehen.
Der Tagungsort, die Festhalle in Lankwitz neben der Schule, früher ein Lyzeum, heute das Beethoven-Gymnasium, besteht noch. In den Lankwitzer Bombennächten, August und September 1943, wurden zwar etwa 95% der Gebäude des Bezirks zerstört, auch das Schulgebäude und die Festhalle, man war jedoch bemüht, die ehemaligen

Kirchen, Villen und Gebäude in Lankwitz wieder im vormaligen Stil aufzubauen, was auch für die Festhalle der Schule sichtlich gilt.

*

1924

1922 kehrte Heinrich Jacoby an die „Neue (Deutsche) Schule Hellerau" zurück. Ihm wurde die Leitung der musikalischen Erziehung an der höheren Versuchsschule übertragen und er wurde zu Beratungen in der Schule hinzugezogen.
Neben dieser Tätigkeit führte er unabhängig von der institutionell gebundenen Arbeit Kurse durch „zur Entwicklung der musikalischen Ausdrucks- und Aufnahmefähigkeit", die zunächst in Dresden und Hellerau, ab 1925 in Dresden und Berlin stattfanden. Außerdem gab es Kursangebote von ihm: „Seminar zur Lehrerausbildung", „Kurs für Sänger und Instrumentalmusiker" sowie einen Ferienkurs in der Schweiz, der „voraussetzungslos" stattfinden sollte wie ein Einführungskurs.
Diese Kurstätigkeit war stets eingebettet in das Erforschen der Voraussetzungen der Teilnehmenden und das Konstatieren ihrer Verhaltensänderungen. Heinrich Jacoby entwickelte seine an der Bildungsanstalt Jaques-Dalcroze begonnene Forschung aufgrund der wachsenden Einsichten in die biologisch gegebenen Möglichkeiten bei Kindern und Erwachsenen. In seinen Vorträgen folgert er aus ihnen Erfordernisse, um Hemmungen und fehlgeleitete Vorstellungen zu überwinden und gegebene Möglichkeiten der Menschen wirksam werden zu Lassen.
Anregungen erhielt er in dieser Zeit durch seine Begegnung mit Mitarbeitern der „Kunst- Design- und Architekturschule", die 1919 als „Bauhaus" von Walter Gropius gegründet wurde und zunächst in Weimar, ab 1925 in Dessau angesiedelt war.
Mit László Moholy-Nagy und dessen Frau Lucia verband ihn lebenslange Freundschaft. In seinem Buch mit dem Titel „von material zur architektur" zitiert Laszló Moholy-Nagy damalige Forschungsergebnisse von Heinrich Jacoby und lässt die fachliche Diskussion zwischen ihnen anklingen (7). Auch Wassily Kandinsky zitiert Heinrich Jacoby und erkennt theoretische Gemeinsamkeiten (8). Darüber hinaus gab es sicherlich etliche andere Kontakte, die die Forschung Heinrich Jacobys angeregt haben. In seinem Vortrag von 1924 zieht er Phänomene der Architektur beispielhaft heran, um begrifflich den Unterschied zwischen dem „Stoff" und dem „Wesentlichen" der Musik zu „veranschaulichen".
Aber die wichtigste und „einzige wirkliche Förderung für die praktische Weiterentwick-

lung" seiner Arbeit dankte Heinrich Jacoby Elsa Gindler. Sie hatten sich 1923 kennen gelernt. Sich erinnernd schrieb er 1939: „Hier war der Versuch einer Erziehung von der Seite des Körpers her, bei dem die bewußte Auseinandersetzung mit den in jedem Menschen latenten ordnenden Tendenzen des Organismus zur Grundlage aller Arbeit gemacht wurde. Anstatt den Körper nach ästhetischen, formalen, optisch bestimmten Vorbildern und ‚Idealen', mit durch Kommandos oder Rhythmen ‚geordneten' Bewegungsübungen ‚verbessern' zu wollen, stand hier im Mittelpunkt aller pädagogischen Bemühungen das Sicherarbeiten einer wachen Beziehung zu den ordnenden und regenerierenden Prozessen des eigenen Körpers aufgrund bewußten Zustandempfindens. [...] Erst dadurch ist eine präzise, bewußte Beziehung zu den während des Äußerungs- und Verständnisvorganges im Organismus entstehenden, gesetzmäßig bedingten Zustandsänderungen möglich geworden."(9)

Im letzten Absatz seines Vortrages /siehe Seite 95/ spricht er diese organische Grundlage aller Funktionen und erforderlichen Zustandsänderungen an, um die „biologische Ausrüstung der Menschen", wie er sie späterhin benennt, für alle Gebiete einer allgemeinen Ausdrucks- und Aufnahmefähigkeit wirksam werden zu lassen. Es lässt sich vermuten, dass in diesem Abschluss seines Vortrags Einsichten in die Arbeit von Elsa Gindler ihren Niederschlag gefunden haben.
Neben den an einer vermittelnden Kunstpraxis orientierten Vorträgen auf dem zweiten Kongress für „Ästhetik und Allgemeine Kunstwissenschaft" – Berlin, Oktober 1924 – wie denen von Franz Hilker, Heinrich Jacoby, Rudolf von Laban, standen überwiegend Berichte über allgemeinere theoretische Annahmen philosophischer und psychologischer Interessen, die vielfach durch die Geschichte des Forschungsbereiches getragen waren.
Die Vorträge am Nachmittag des 18. Oktober etwa, die von Musikwissenschaftlern gehalten wurden, beruhten weitgehend auf philologischen Studien anhand der vorliegenden Notentexte, also der tradierten Spielanweisungen für Musiker. Sie wurden an Stelle der erklingenden Musik zur Grundlage der Forschungen herangezogen. Eine Ausnahme davon bildete der Vortrag von Hans Mersmann „Zur Phänomenologie der Musik": „Das Kunstwerk als Objekt phänomenologischer Musikbetrachtung ist Organismus. Bei näherem Eindringen stellt sich dieser Organismus dem suchenden Auge als Einheit vieler ineinander verschlungener und durcheinander bedingter Kräfte dar. Die natürliche Forderung, welche sich für die Analyse ergibt, ist: diese Kräfte voneinander zu lösen, sie einzeln bloßzulegen und zu bestimmen. Die methodische Arbeit selbst kann sich dieser Forderung nicht entziehen. Darum ist es sowohl am Anfang

wie auch am Ende der Teiluntersuchung notwendig, die organische Einheit der Kräfte und ihre Bedingtheit durch einander zu betonen. Es ist das Verhängnis unserer Musiktheorie, daß sie diesen Zusammenhang und damit die lebendigen Kräfte selbst verloren hat." (S. 376)

Die „lebendigen Kräfte" der Musik lassen sich den Energien vergleichen, von denen Heinrich Jacoby als dem Wesentlichen der Musik spricht. In der Darstellung seiner durch empirische Forschung gestützten Ergebnisse und Einsichten stellt sich allerdings nicht die Musik „dem suchenden Auge", sondern dem dazu vorgesehenen Ohr dar, um den wirkenden Kräften nach zu spüren. Er hofft dabei auf die sich entwickelnde Technik, klingende Musik aufzuzeichnen und sie wiederholt zu hören, oder darauf, Musik im „inneren Ohr", also, in der Erinnerung an Gehörtes, diesen Energien nachzuspüren.

Der „Zweite Kongress für Ästhetik und Allgemeine Kunstwissenschaft" fand vom 16. bis zum 18. Oktober 1924 auf Initiative von Max Dossier in den Räumen der Berliner Universität statt. Die einzelnen Vorträge wurden jeweils unter dem Namen und dem Thema eines Redners angekündigt und dem Mitwirken von „Mitberichterstattern".

Am 18. Oktober hielt Franz Hilker seinen Vortrag zum Thema „Kunst und Jugend", dem eine Ausstellung von Schülerzeichnungen und Bastelarbeiten aller Altersstufen zur Ergänzung zugeordnet war. Otto Möller, Künstler und Kunstlehrer, der selber über Kinderzeichnung publiziert hat, stand im Hörsaal 2 „zu Erklärungen und Auskünften bereit." Franz Hilker unterscheidet in seiner Rede zwischen einem natürlichen Ausdruck im Bildnerischen Gestalten und der Gestaltung von Kunst. Und er verweist auf den besonderen Klärungsbedarf hinsichtlich des Musikalischen durch seinen „Mitberichterstatter" Heinrich Jacoby.

Max Dossier hatte 1906 die „Zeitschrift für Ästhetik und allgemeine Kunstwissenschaft" gegründet, die im renommierten wissenschaftlichen Verlag von Ferdinand Enke erschien. Diese Zeitschrift existiert bis heute unter wechselnden Titeln und Erscheinungsformen.

*

1925

Die Instabilität der Regierungen in der Weimarer Republik in den 1920er Jahren und die Unruhen, die durch nahezu kriegerische Auseinandersetzungen politischer Gruppen ausgelöst wurden, sowie der Verfall des Geldwertes beeinflussten auch die

Existenz der „Neuen Schule Hellerau". Der Kollege Alexander Sutherland Neill zum Beispiel verlor sein Vermögen und musste seine Bemühungen dort abbrechen. Verunsicherte Eltern meldeten ihre Kinder vom Unterricht der Schule ab. Außerdem gab es im Kollegium der Schule interne Auseinandersetzungen, so dass einige Mitglieder des Lehrkörpers kündigten. Zu ihnen gehörte auch Heinrich Jacoby, der 1924 die Schule verließ. 1925 kam der Schulbetrieb nahezu zum Erliegen. Heinrich Jacoby arbeitete verstärkt in Kursen, die er zunehmend nach Berlin verlagerte. 1926 wohnte er in Berlin, zunächst als Untermieter von Sophie Ludwig, denn es gab eine Zuzugssperre für Berlin. In den großen Räumen der Altberliner Wohnung konnte er seine Kurse durchführen und brauchte nicht mehr, wie zuvor, Räume von Musikschulen anzumieten.
Auf Einladung des „Internationalen Arbeitskreises für Erneuerung der Erziehung" wurde er gebeten, auf der Dritten Internationalen Pädagogischen Konferenz in Heidelberg, die vom 2. bis zum 15 August 1925 dauerte, seine Forschungsergebnisse zum Thema „Begabtheit" darzustellen. Elisabeth Rotten leitete die Konferenz und legte anschließend einen Bericht vor mit dem Titel „Die Entfaltung der schöpferischen Kräfte im Kinde", der 1926 als Sonderdruck der Zeitschrift „Das werdende Zeitalter", 4. Jahrgang, Heft 4, im Leopold Klotz Verlag (Gotha) erschien.
Elisabeth Rotten weist auch darauf hin: Die vierzehntägige Konferenz in Heidelberg wurde vom 2. bis zum 15. August 1925 von 500 Teilnehmerinnen und Teilnehmern besucht. Sie fand in den Räumen der Stadthalle Heidelberg statt und wurde von der Stadtverwaltung großzügig betreut. Die Veranstalter verzichteten auf einen „feierlichen Apparat", doch wurden alle Vorträge durch Musik eingeleitet, um der Zusammengehörigkeit einen Ausdruck durch dieses ‚künstlerische Band' zu verleihen (11).

Der Bericht lässt deutlich erkennen, dass der Vortrag František Bakules „Meine Heimschule", in welchem er seine Bemühungen um Kinder am Rande der Gesellschaft schildert, besonders nachdrücklich wirkte. Dieser Vortrag wurde ungekürzt im Kongreßbericht gedruckt. Sein weltberühmter Schüler-Chor eröffnete auch die Konferenz. (10)

Der Vortrag Martin Bubers über „Erziehung und Freiheit", den er 1953 selbst als den Hauptvortrag des Kongresses klassifizierte, findet bei Elisabeth Rotten eine feinsinnige Charakterisierung: „Wir danken es Martin Buber, daß er uns warnte, weder aus der *Freiheit* – die nicht der positive Gegenpol des *Zwanges*, sondern der Durchgangs-, gleichsam der Nullpunkt zu jenem gesuchten wahren Gegenpol des Zwanges, zur gewachsenen *Verbundenheit* ist – noch aus dem *Schöpferischem* neue Fetische zu machen, und uns mit der feinen , im gewöhnlichen Sprachgebrauch (auch in den Referaten unserer Konferenz) noch nicht durchgeführten Unterscheidung beschenkte zwischen dem *Urhebertrieb*, der aufs „Machen", auf das Herausstellen inneren Erlebens geht und dem *Schöpferischen* im eminenten Sinne, durch daß das Geschöpf, der Mensch, Teil gewinnt am überpersönlichen, göttlichen Schaffen." (11)

Der Vortrag sollte nach Maßgabe Martin Bubers nicht in einer zusammenfassenden Wiedergabe im Bericht der Konferenz erscheinen, wie die meisten anderen Beiträge, sondern separat veröffentlicht werden. (12)

Im zusammenfassenden Bericht des Vortrages von Heinrich Jacoby ist zu dem sprachlichen Problem, das Martin Buber vorträgt, zu lesen: „Was ist denn unter dem verschwommenen und mißverständlichen, in allen Erziehungserörterungen der letzten Jahre so viel gebrauchten Begriff des ‚Schöpferischen' zu verstehen? Was ist mit diesem ungreifbaren Etwas gemeint, das, durch sentimentales Getue und allerlei unklare Kunst- und Begabungsgedanken belastet, eine ernsthafte Verständigung und Klärung so außerordentlich erschwert?" Jacoby will unter dem ‚Schöpferischen' das Wirksamwerden überall latenter Kräfte, nur den Ablauf von Funktionen, Reaktionen allgemeiner Art verstanden wissen, — Vorgänge, wie sie jeder menschlichen Äußerung und jeder Auseinandersetzung mit der Umwelt zugrunde liegen. Alle qualitative wie quantitative Wertung des Resultats, das infolge des ungestörten Funktionierens dieser allgemeinen Fähigkeit [‚produziert' wird] entsteht, ist zunächst [auszuschalten] unwichtig [!]. Darum lehnt er auch die Annahme der Existenz eines spezifisch ‚kindlichen' Schöpferischen, [wie das Hereinziehen von] sowie Gedanken an ‚Kunst' unbedingt ab." (13)

An den nachfolgenden Konferenztagen führte Heinrich Jacoby im Zusammenhang zu seinem Vortrag eine Reihe praktischer Demonstrationen durch. Sie sollten den Zuhörern persönliche Erfahrungen ermöglichen und ein Verständnis des Vortrags erleichtern und vertiefen. Er selbst erinnert 1935: „August 1925 berichtete ich über meine Arbeit auf der III. Internationalen Pädagogischen Konferenz in Heidelberg, deren weitere Verhandlungen durch die Diskussion meiner Thesen und praktischen Demonstrationen wesentlich bestimmt wurden." (2) Heinrich Jacobys Zweifel an sprachlicher Wissensvermittlung waren mit seinen eigenen Vortrags-Erfahrungen gewachsen, bei denen ihm immer wieder, trotz des Gebrauchs eindeutig erscheinender Begriffe, Missverständnisse begegneten. Um die Unvollkommenheit der Sprache und die damit verbundene

Beschränkung zu überwinden, forderte er dazu auf, eigene Erfahrungen zuzulassen. Die Demonstrationen, ähnlich wie seine Improvisations-Konzerte, konnten dabei helfen, ohne jedoch ein selbständiges Probieren, etwa wie in seinen Kursen, zu ersetzen. Noch 25 Jahre später, auf dem Internationalen Pädagogischen Treffen in Jugenheim, das Franz Hilker wesentlich initiiert hatte, wird in einem Bericht an diese Demonstrationen Heinrich Jacobys erinnert. Er hatte bei dem Treffen in Jugenheim die Rolle eines chairman für eine der Arbeitsgruppen übernommen: „Bei dem Internationalen NEF-Kongreß von Heidelberg im Jahre 1925 hatte sein Vortrag über ‚Die Befreiung der schöpferischen Kräfte, dargestellt am Beispiel der Musik' mit seinen praktischen Demonstrationen einen der Höhepunkte der Tagung bedeutet. Ein zusammenfassender Bericht über diesen Vortrag erschien als Sonderdruck der Zeitschrift: ‚Das werdende Zeitalter', 4. Jahrgang, 4. Heft, beim Klotz-Verlag, Gotha."(14)

*

1927

Nachdem Heinrich Jacoby seine Tätigkeit in Hellerau beendet hatte, richteten sich seine Kursaktivitäten nach Berlin, wo er einen sich ausweitenden Bekanntenkreis antraf. Der Kreis der Teilnehmerinnen und Teilnehmer seiner Kurse wuchs auch stetig. Sie kamen aus unterschiedlichen Berufen und fanden in Heinrich Jacoby einen kompetenten Gesprächspartner, der in der Lage war, ihre Anliegen zu verstehen und mit Rat und in den Kursen mit praktischen Anregungen und Hinweisen Hilfen zur Selbsthilfe anzubieten. Außerdem festigte sich seine Freundschaft mit Elsa Gindler und Sophie Ludwig. Die gegenseitigen Mitteilungen über neu erprobte Bewältigungen von Schwierigkeiten verschiedenster Art führten zur regelmäßigen Zusammenarbeit bei Ferienkursen.

In dieser Situation, die sich durch Stetigkeit und Ruhe auszeichnete, — sie währte allerdings nur sieben Jahre — erreichte ihn 1926 die Bitte von Heinrich Meng um einen Beitrag für die von ihm zusammen mit Ernst Schneider herausgegebene „Zeitschrift für psychoanalytische Pädagogik".

In einem Gutachten für Heinrich Jacoby (4) beschreibt Heinrich Meng seine Bekanntschaft mit Heinrich Jacoby und dessen „außerordentliche wissenschaftliche Ernsthaftigkeit", den er für einen ‚originellen Forscher' hält.

Unter dem Titel „Muss es unmusikalische geben? Grundsätzliches über Befreiung und Erhaltung der allgemeinen Ausdrucksfähigkeit" schreibt er einen Aufsatz, der sich nicht vornehmlich an Pädagogen und Musiker wendet, sondern allgemeiner gehalten ist und zusammenfassende Ergebnisse seiner bisherigen Veröffentlichungen vorlegt. Der Aufsatz erschien im Heft 2, November 1926 und als Fortsetzung im Heft 4, Januar 1927 der Zeitschrift für psychoanalytische Pädagogik.

*

Nachtrag

Ein weiterer Nachklang der veröffentlichten Forschung von Heinrich Jacoby findet sich unter dem Titel „Die Idee des Schöpferischen in der Pädagogik des zwanzigsten Jahrhunderts" in dem Buch von Helene Hermes, München 1936, wenn sie auf den Seiten 74 bis 76 auf die Tagung in Heidelberg, 1925, hinweist: „Das Problem der Befreiung und Erhaltung der schöpferischen Kräfte im Kinde hat wohl am besten H. Jacoby gelöst. Zum ersten Mal gibt er auf der Heidelberger Tagung einen Bericht seiner Arbeit. Da er zu Gesetzmäßigkeiten vordringt, sei sein Vortrag über schöpferische Musikerziehung in den wesentlichen Punkten angegeben."
Eine indirekte Fortsetzung der Reihe von Veröffentlichungen lässt sich der Berichterstattung über das Internationale Pädagogische Treffen in Jugenheim im Jahre 1950 entnehmen, zu dem Franz Hilker Heinrich Jacoby eingeladen hatte. Hier wirkte Heinrich Jacoby als chairman und leitete eine der Arbeitsgruppen. Die Berichte der Redaktion der Monatszeitschrift „die Pädagogische Provinz" — 4. Jahrgang, Heft 9, September 1950, über diese Arbeit der Teilnehmerinnen und Teilnehmer auf den Seiten 517 bis 523 lässt in der Diktion die durch empirische Forschung gesicherten Einsichten des „Mentors" deutlich werden. Franz Hilker hat in der Zeitschrift „Bildung und Erziehung", Oktober 1950, von der Tagung berichtet. Auf der Tagung wurde die deutsche Sektion der „New Education Fellowship" wieder gegründet und Franz Hilker zu deren Vorsitzenden gewählt.
Die Zeitspanne von 1913 bis 1927, in der Texte von Heinrich Jacoby veröffentlicht wurden, war 1933 mit seiner Emigration in die Schweiz beendet. Als Emigrant durfte er neben anderen Auflagen auch nicht publizieren. Ein umfassenderes Buch, das der Vielzahl seiner Forschungsergebnisse gerecht werden konnte, kam nicht zustande. Umso verdienstvoller sind die Herausgaben von Sophie Ludwig, mit denen sie Kursarbeiten Heinrich Jacobys dokumentierte und bekannt machte. Die Gründung der Heinrich Jacoby — Elsa Gindler — Stiftung kann dazu beitragen, diese Initiativen von ihr fortzusetzen.

Hinweise

(1) Heinrich Jacoby: Zur Einführung des Theorie- und Harmonieunterrichts, in: Berichte der Dalcroze-Schule, hg. von E. Jaques-Dalcroze, Januar, Heft 4, S. 35-36.

(2) Heinrich Jacoby: Einleitung, in: Heinrich Jacoby: Musik. Gespräche – Versuche 1953-1954, Dokumente eines Musikkurses, hg. von Sophie Ludwig, bearbeitet von Rudolf Weber, Hamburg 2003, S. 20.

(3) Archiv der Stiftung.

(4) Heinrich Meng: Gutachten über die wissenschaftliche Arbeit von Heinrich Jacoby, Zürich, Archiv der Stiftung.

(5) Fritz Karsen: Ein Besuch in der Odenwaldschule, in: der Elternbeirat. Halbmonatsschrift, 2. Jg., Nr. 17, S. 461-462.

(6) Archiv der Odenwaldschule.

(7) László Moholy-Nagy: Von Material zu Architektur. Band 14, München 1929.

(8) Brief an Heinrich Jacoby, Archiv der Stiftung.

(9) Heinrich Jacoby: Jenseits von „Begabt" und „Unbegabt". Zweckmäßige Fragestellung und zweckmäßiges Verhalten – Schlüssel für die Entfaltung des Menschen, Kursdokumente, hg. von Sophie Ludwig, 1945/ [6]2004, S. 18.

(10) František Bakule war an regulären Schulen wegen seiner unorthodoxen Arbeitsweise untragbar geworden. Deshalb gründete er mit einigen seiner Schüler, Kindern und Jugendlichen, diesen Chor, um den Lebensunterhalt zu sichern. Anlässlich der Tagung ist Heinrich Jacoby sicherlich dem Nonkonformisten František Bakule begegnet, dessen Zweifel an den bestehenden pädagogischen Formen – sowohl den institutionellen als auch an den methodischen – dem Zweifler Heinrich Jacoby sehr sympathisch waren. Aber vermutlich hat ihn gleichermaßen die Qualität der musikalischen Ausdrucksfähigkeit des Chores so beeindruckt, dass er sich zwei Schall-

platten mit ihrer Musik besorgt hat. (Rudolf Weber: Anmerkungen zur Schallplattensammlung, in: Katalog der Schallplatten, S. 15, Archiv der Stiftung).

(11) Elisabeth Rotten (Hrsg.): Die Entfaltung der schöpferischen Kräfte im Kinde. Bericht der Dritten Internationalen Pädagogischen Konferenz des Internationalen Arbeitskreises für Erneuerung der Erziehung in Heidelberg vom 2. bis 15. August 1925, Gotha 1926, S. 3.

(12) Martin Buber: Reden über Erziehung, Heidelberg 1960.

(13) Elisabeth Rotten / Heinrich Jacoby: Die Befreiung der schöpferischen Kräfte, dargestellt am Beispiele der Musik, in: Elisabeth Rotten (Hrsg.): Die Entfaltung der schöpferischen Kräfte im Kinde. Bericht der Dritten Internationalen Pädagogischen Konferenz des Internationalen Arbeitskreises für Erneuerung der Erziehung in Heidelberg vom 2. bis 15. August 1925, Gotha 1926, S. 24-25 / Heinrich Jacoby: Jenseits von „Musikalisch" und „Unmusikalisch". Die Befreiung der schöpferischen Kräfte dargestellt am Beispiele der Musik, hg. v. Sophie Ludwig, Hamburg 1984, S. 77. Die in [] gesetzten Formulierungen entstammen der sprachlichen Fassung im Tagungsbericht.

(14) Redaktionsbericht: New Education Fellowship, in: Die Pädagogische Provinz. Monatsschrift für Erziehung und Unterricht, 4. Jahrgang, Heft 9, September 1950, S. 518.

1913

Aus „Berichte der Dalcroze-Schule", Heft 4/5 Jan. 1914

ZUR EINFÜHRUNG DES THEORIE- UND HARMONIEUNTERRICHTS

Heinrich Jacoby

Die Methode Jaques-Dalcroze ist aus der Musik geboren; ihre Mitteilung geschieht durch die Musik; — sie will als ein Wesentliches die Elemente der Musikalität wecken und entwickeln. Natürlich ist nun diese spezifisch musikalische Seite noch von ungleich größerer Bedeutung für den, der nach Hellerau kommt, um später die Methode zu lehren, als für den, der nur deren Resultate — wie Befreiung von Hemmungen, Erziehung zur Konzentration — an sich erfahren will. Es kann für jenen nicht genügen, nur mit dem musikalischen Handwerkszeug ausgestattet zu werden, ohne auch die Fähigkeit mit auf den Weg zu bekommen, bewußt damit umzugehen.

Dies müssen wir uns vor Augen halten, wenn wir dem Lehrstoff der Methode, deren Wesen doch die praktische Erfahrung ist, einen — wenn auch nur scheinbar — theoretischen Gegenstand angliedern. Gehört es doch letzten Endes zu dem Mindestmaß an allgemeiner Bildung des Lehrers, mit den akustischen Elementen, den theoretischen Terminologien und deren Begründung so vertraut zu sein, daß er dem Schüler stets auf die Frage „warum" zu antworten vermag, wie man auf der anderen Seite wieder nicht von ihm zu verlangen braucht, er solle imstande sein, etwa eine Sonate zu schreiben. Die rein musikalische Seite so weit in den Vordergrund zu schieben, hieße, wie Jaques Dalcroze mit Recht sagt, „die ohnehin kurze Zeit für die nur in Hellerau möglichen Studien verkürzen mit Dingen, die man ja auch überall anderswo an jedem beliebigen Konservatorium lernen könne."

Wenn nun aber doch der Harmonielehre als obligatorisches Fach mit zwei Wochenstunden ein verhältnismäßig so breiter Raum gegeben wird, so ist das darauf zurückzuführen, daß sie von ungleich größerer, innerer Bedeutung für die Methode sein kann,

* Anatomie als Ergänzungsfach für Rhythmische Gymnastik und Plastik, Klavierspiel für ungenügend vorbereitete Schüler, Atmung für Schüler, welche die vereinigte Zwerchfell- und Rippenatmung nicht unbewußt besitzen und nicht bewußt beherrschen.

indem sie – in der richtigen Form – den Unterricht in Solfege und Improvisation in starkem Maße gleichzeitig zu entlasten und zu unterstützen vermag: Wie sie einerseits den Schüler, unabgelenkt durch Form und Spielen, mit den Akkorden und ihren Verbindungen vertraut macht; wie sie Ohr und Hand von der, durch nur praktisches Akkordspielen bedingten, vertikalen Akkordauffassung zu einer polyphonen Empfindungsweise, einer horizontalen Auffassung der Harmonie (die zum Verständnis des Kontrapunkts führt), d. h. zu musikalischer Klarheit erzieht; wie sie ferner als die Lehre von der musikalischen Logik, der Masse von Einzelfällen (Kadenzen, Modulationsmitteln) im Improvisationsunterricht, die Erkenntnis der, allen gemeinsamen, prinzipiellen Erscheinungen (platonische Idee) gegenüberstellt; so kann sie auch die Solfegestunden von theoretischen Erklärungen und Übungen entlasten, zum polyphonen Hören mit erziehen, wie auch die Entwickelung des Konzentrations- und Tonvorstellungsvermögens außerordentlich unterstützen.

Selbstverständlich leistete das nicht ein Harmonieunterricht im gewöhnlichen Sinne, der zusammenhanglos neben dem allgemeinen Unterricht in Solfege und Improvisation herliefe, sondern es bedarf hierzu der gegenseitigen Anpassung und Verschmelzung bezüglich der Stoffanordnung, der klaren Festlegung der gemeinsamen Terminologien und der Ausnützung der von der Methode Jaques-Dalcroze gegebenen Arbeitsformen, d. h. möglichste Reduzierung alles „rein Theoretischen" zugunsten praktischer Übungen bei der Entwickelung des musikalischen Intellektes.

Die allgemeine elementare Musiktheorie, die wir oben als integrierenden Teil der pädagogischen Bildung angesprochen haben, ist in diesem Jahre Gegenstand des I. Jahrgangs des Normalkurses, während mit der eigentlichen Harmonielehre erst im II. Jahrgang begonnen wurde. Dies durch die erst zu Ostern 1914 ins Leben tretende Vorbereitungsklasse bestehende Übergangsstadium wird insofern eine Änderung erfahren, als es gelingen muß, mit Hilfe dieses Vorbereitungskurses das Niveau des kommenden I. Jahrgangs so zu erhöhen, daß es möglich wird, den Normalkurs gleich mit der Lehre von den Akkordverbindungen zu beginnen, indem man die Elementartheorie ganz in den Vorbereitungskurs verlegt und so ein drittes Studienjahr für die Chromatik und Enharmonik gewinnt.

Ich glaube nicht, daß dies ein zu starkes Betonen des rein Musikalischen gegenüber der rhythmischen Gymnastik bedeutet, denn wir wollen nicht vergessen, daß Jaques-Dalcroze der rhythmischen Gymnastik nicht zum wenigsten deshalb das ist, was er ist, weil er ein eminenter Musiker ist.

1921

Heinrich Jacoby

GRUNDLAGEN EINER SCHÖPFERISCHEN MUSIKERZIEHUNG

Rede, gehalten anläßlich der Kunsttagung des Bundes entschiedener Schulreformer in Berlin am 5. Mai 1921[1]

die Tat
Monatsschrift für die Zukunft deutscher Kultur

Sonderdruck aus dem Märzheft 1922

Dieser Aufsatz geht alle an, die glauben, kein Verhältnis zur Musik zu haben. Aus der Praxis einer selbst gefundenen und erprobten Arbeitsweise heraus, bei der stets eigene schöpferische Tätigkeit dem intellektuellen Bewußtwerden von Klängen vorausgeht, kommt der Verfasser zu dem Resultat, daß jeder normale Mensch mit Naturnotwendigkeit ein nahes Verhältnis zu allem musikalischen Geschehen hat. Man übertrage die hier entwickelten Ideen etwa auf den fremdsprachlichen Unterricht in unseren Schulen, so wird klar, daß auch dieser auf falschem Wege ist. Auch was der Verfasser über das Verhältnis zwischen Kunst und allgemein-menschlichen Ausdrucksgebieten sagt, die Standorte, die damit für die Beurteilung der Begabung gewonnen werden, das alles weist weit über die Probleme der musikalischen Erziehung hinaus. Der Verfasser erregte auf der Kunsttagung des Bundes entschiedener Schulreformer mit seinen Ansichten großes Aufsehen. Darum erscheint dieser Aufsatz auch gleichzeitig im „Buch der Erziehung", herausgegeben von M. Epstein, Braunscher Verlag in Karlsruhe. (Leit.)

1 Dieser Aufsatz ist nach Erscheinen durch Anmerkungen von Heinrich Jacoby ergänzt und sprachlich leicht überarbeitet worden von Sophie Ludwig, Berlin, 1979

Im bewußten Gegensatz zur heute üblichen intellektualistisch-mechanistisch und wesentlich auf Reproduktion eingestellten Art des Musikunterrichts will ich einen Weg für die Entwicklung der musikalischen Ausdrucks- und „Aufnahme"-Fähigkeit zeigen, auf dem allein das in jedem Menschen latente Schöpferische angesprochen wird. Leider gibt es für einen solchen vom üblichen abweichenden Weg keine weniger irreführende und dabei doch allgemein verständliche Bezeichnung als das oft mißbrauchte und durch vielerlei Interpretationen belastete Wort „Erziehung". Wenn also weiterhin von Erziehung oder Schulung die Rede sein muß, sei nachdrücklich darauf hingewiesen, daß dabei weder eine Zweck-Erziehung im alten Sinne noch an die Methoden der *Lernschule* gedacht werden darf. Ich gebrauche diese Begriffe im Sinne einer Einwirkung, die, von der Überzeugung vom *Schöpferischen* im Menschen ausgehend, sich auf die Schaffung von *Erfahrungs-Gelegenheiten* beschränkt und *Selbsttätigkeit* als oberstes Gesetz fordert.
Bei der allgemeinen Erziehung beginnt diese Auffassung — zumindest in der Theorie — schon fast Gemeingut zu werden; der Musikpädagogik aber ist sie noch fremd geblieben. Man sollte sie auch in der Musikerziehung durchsetzen.
Die für das 19. Jahrhundert so charakteristische Überschätzung der „Techniken", die Gewohnheit, Musik nur als *Kunst* aufzufassen und die Bedürfnisse des Kunstbetriebs in den Vordergrund des Interesses zu stellen, bewirken, daß die vielen Reformbestrebungen in andere Richtungen zielen.[1] Das Ziel einer schöpferischen Erziehung kann erst zur praktischen Auswirkung gelangen, wenn man eine von Grund aus andere Auffassung des Wesens von Musik und daraus folgend von den Aufgaben unseres Musiklebens gewonnen hat. Damit werden ganz von selbst die eigentlichen Ursachen der vielen Übelstände im Musikbereich verschwinden. Diese Übelstände scheinen nur deshalb schwer überwindbar, weil die Versuche zu ihrer Bekämpfung an falschen Stellen ansetzen. Die meisten Reformbewegungen bauen auf Voraussetzungen und Gepflogenheiten auf, die durch Bedürfnisse des heutigen Kunstbetriebes entstanden sind, an die man aber so gewöhnt ist, daß sie als selbstverständlich und naturgegeben hingenommen werden. Im Verlaufe unserer Betrachtung wird es sich zeigen, wieviele dieser Voraussetzungen auf Vorurteilen und falschen Denkgewohnheiten gegründet sind, wieviele scheinbar unantastbare Gewohnheiten nichts als althergebrachte, allmählich zu leeren Formen gewordene Traditionen sind. Es ist klar, daß unsere Zeit, die die Idee des Schöpferischen, der Selbstverantwortung und Selbsttätigkeit dem

1 Anmerkung von Heinrich Jacoby 1932: „Diese vor 10 Jahren geschriebenen Worte bestehen leider trotz der ‚Welle der Reformen' auch heute noch zu Recht!" (Und wie ist es heute? Die Herausg.)

alten Geist des autoritären Zwangs bewußt entgegenstellt, auch auf den Gebieten, die wir heute noch als „Künste" zu bezeichnen gewöhnt sind, ihren umgestaltenden Einfluß ausüben muß. Bei der verhältnismäßig kurzen Entwicklungszeit der Musik als *selbständiger* Ausdrucksart sind tiefgehende Veränderungen nicht nur der Ausdrucksformen, sondern auch der Art, in der die Musik als Kulturfaktor auftritt, in noch höherem Maße natürlich als bei den anderen Ausdrucksgebieten. Die uns augenblicklich geläufigen polyphonen und akkordlichen Erscheinungsformen — das, was wir Abendländer unter Musik zu verstehen gewöhnt sind — sind, obwohl wir sie heute als naturnotwendig und unlösbar mit dem Wesen der Musik verknüpft empfinden, noch nicht einmal tausend Jahre alt, — Notensymbole, Kunstformen und Instrumente zum größten Teil noch jünger. Wir müssen uns also nicht mit dem Altgewohnten und scheinbar Selbstverständlichen als einer gar zu beachtenswerten und verehrungswürdigen Tradition beschweren und sollten versuchen, möglichst unbefangen an die Prüfung der landläufigen Einstellung zur Musik heranzugehen.

Der „gebildete" Mensch denkt heute bei Musik fast nur noch an ein spezielles Fachgebiet, an Instrumente und Sänger, an Dirigenten und Symphonien, an Kunst und Künstler. Der übliche Musikbetrieb stützt und fördert diese Auffassung in jeder Weise. Er ist völlig in den Dienst eines mehr oder weniger verfeinerten Unterhaltungs-, Vergnügungs- und Genuß-Bedürfnisses gestellt und setzt dadurch auch gleichzeitig der zünftigen Musikerziehung Zweck und Ziel. Ganz folgerichtig erscheint bisher als Hauptaufgabe des Unterrichts das Beibringen von Notensymbolen und Instrumentaltechniken, um für die aktive oder passive Teilnahme an diesem Musikbetrieb tauglich zu machen. Es wird versucht, *durch* die „Kunst" und *für* die „Kunst", für zufällige und von außen bestimmte Verhältnisse zu erziehen. Das bedeutet das Gegenteil von dem, was wir unter Erziehung verstanden wissen wollen. Wenn wir die Grundlage für eine fruchtbare Erziehung suchen, dürfen wir nicht von solchen außerhalb des Kindes liegenden Zwecken und Absichten ausgehen.

Die Rolle, die *Wort, Ton, Linie, Farbe, Körper, Rhythmus* in der Erziehung zu spielen vermögen, kann nicht die von Künsten im landläufigen Sinne sein. Es geht bei all dem um *elementare, allgemein menschliche Ausdrucksgebiete,* auf denen grundsätzlich jeder zu ähnlichen unmittelbaren und selbstverständlichen Äußerungen gelangen könnte wie etwa beim Gebrauch der Muttersprache, bei der wir doch auch *zuerst* an das Ausdrucks- und Verständigungsmittel denken und nicht an Dichtung oder dramatische Rezitation.

Dieser Hinweis auf die Muttersprache zeigt vielleicht am deutlichsten, in welchem Sinne wir unsere Einstellung den anderen Ausdrucksgebieten gegenüber revidieren sollten und wie irreführend es wirkt, wenn wir bei Fragen, die Ausdrucksgebiete betreffen, ohne weiteres den Begriff Kunst verwenden. Auch bei der Musik müssen wir vermeiden, zuerst an Kunst oder Kunstwerke zu denken oder gar an das, was heute als eine gesellschaftliche Angelegenheit in unseren Theatern und Konzertsälen vor sich geht. Wir haben es in erster Linie mit dem lebendigen, elementaren Ausdrucksmittel zu tun, durch das sich äußern zu können jedem aus den Gegebenheiten der menschlichen Natur heraus möglich und gemäß ist. Musikalischen Lebensäußerungen begegnen wir immer und überall; sie machen sich als spontane Gefühlsäußerungen in Juchzer und Jodler genauso Luft wie im improvisierten Arbeits- oder Tanzlied. In diesem Zusammenhange wird die Behauptung „Jeder Mensch ist musikalisch" nicht mehr so paradox erscheinen, wie sie manchem sonst im ersten Augenblick klingen könnte.[1] Dahin zu gelangen, daß diese Behauptung mehr als theoretische Bedeutung erhält, — daß viel mehr Menschen als bisher zu einer Entfaltung der *eigenen* musikalischen Äußerungs-Fähigkeit kommen, ist vom Standort der Erziehung aus zunächst wichtiger als die mehr oder weniger erfolgreiche reproduktive Auseinandersetzung mit dem im Laufe von Jahrhunderten angehäuften Schatz von Kulturgütern, von Werken großer Meister, der durch Aufführungen erst wieder lebendig gemacht werden muß. Selbstverständlich hat auch die musikalische Literatur ihre bedeutsame Rolle in der Erziehung zu spielen, aber nicht, indem man, wie jetzt noch meistens, unreife Kinder dazu dressiert, Kunstschöpfungen aus einer Ausdruckswelt, deren Sprache sie weder zu verstehen noch zu sprechen vermögen, nachzuplappern. Erst wenn Musik bereits eigenes, lebendiges Äußerungsmittel geworden ist, dürfte an eine Auseinandersetzung mit dem Kunstwerk gedacht werden, die dann intensiver und lebensvoller vor sich gehen wird, als es bei denen zu erwarten ist, die nie anders als aus dem Notenbuch zu musizieren gelernt haben. Der Kreis derer, die auf solche Weise teil an einer lebendigen musikalischen Kultur haben können und die erst durch ihre Existenz das Vorhandensein einer solchen Kultur bezeugen, wird bedeutend größer sein, als man heute anzunehmen geneigt ist.

Wie wir später sehen werden, liegt es meist an verbildenden Einflüssen unserer Lebensweise und an der Unzulänglichkeit der bisher auf andere Ziele eingestellten Musikschulung, wenn der größte Teil der musikalischen Ausdrucksformen und Äußerungsmöglichkeiten bis heute nur einem Kreis besonders „Begabter" — besonders

1 Die Mißverständnisse, die sich aus dieser Behauptung ergeben haben, — da die meisten bei „musikalisch" an die übliche „Musikalität" für die üblichen Zwecke (Ziele) denken —, haben mich gezwungen, „Jenseits von ‚Musikalisch' und ‚Unmusikalisch' „zu schreiben.
(Anm. Heinrich Jacoby, 1932)

„Musikalischer" — und einem langwierigen Fachstudium vorbehalten erscheint. Wenn es gelingt, im Laufe unserer Untersuchung den Nachweis zu erbringen, daß vieles, was heute als Reservat des „Künstlers" oder „Fach"-musikers gilt, auf einem geeigneten Weg der Allgemeinheit zugänglich werden kann, so kommt dadurch die Kunst nicht in Gefahr. Im Gegenteil! Es wird jene, die Bedeutung des Kunstbegriffs entwertende Oberflächlichkeit verschwinden, mit der man oft eine vielen mögliche, an sich selbstverständliche Beziehung zu Ausdrucksmitteln wegen ihrer verhältnismäßigen Seltenheit als „Kunst"-Leistung bewertet. Man wird dann nicht mehr so leicht in Versuchung kommen, schon den selbstverständlichen Gebrauch von Ausdrucksmitteln als Kunst und die, die sie selbstverständlich benutzen, als Künstler anzusehen.

In welchem Maße durch veränderte Fragestellung und Zielsetzung und dem sich daraus ergebenden anderen Weg sich das Verhältnis zwischen den scheinbar besonders Veranlagten und den Übrigen verschieben kann, in welchem Maße sich dann auch der gewohnte Zeitaufwand für das Erarbeiten der Ausdrucksmittel verringern kann, sei durch einen Hinweis auf das *Schreiben* angedeutet (selbstverständlich, ohne daß dabei an einen Vergleich im einzelnen gedacht ist). Vor wenigen hundert Jahren galt es noch als eine große *Kunst*, deren Erlernung mancher ein halbes Leben widmete, und heute kann fließendes Schreiben auf einem Wege, der die biogenetische Gegebenheit anspricht, wie ihn *Kuhlmann* zeigt[1], von jedem Kinde in wenigen Monaten erarbeitet werden. Bevor wir uns jedoch mit den Einzelheiten des Weges für das Erarbeiten der musikalischen Ausdrucksmittel ausführlicher beschäftigen können, ist noch folgendes zu klären:

Der Sprachgebrauch macht bis jetzt eine Unterscheidung zwischen *musikalischen* und *unmusikalischen* Menschen. Es gibt dabei so viele Auffassungen als es Auffassungen von Musik gibt. Die Wertung der Musikalischen wird bestimmt durch das, was man von ihnen erwartet, d. h. durch die Auffassung von Musik und durch das Ziel, das man anstrebt. Als musikalisch gilt derjenige, der rein singt, Tonhöhen gut unterscheiden kann und ein gutes Gedächtnis für Melodien hat. Für ein besonderes Zeichen von „Musikalisch-Sein" gilt in Kreisen von Fachmusikern der Begriff des sogenannten absoluten Gehörs. Aber durch die Tatsache, daß viele große Musiker nachweislich diese Gabe nicht gehabt haben, ist bereits erwiesen, daß das absolute Gehör nicht einmal *wesentliche* Vorbedingung für ungewöhnliche musikalische Ausdrucksfähigkeiten ist. Das Charakteristische des absoluten Tonbewußtseins ist die Fähigkeit, jederzeit die Tonhöhe jeglicher Art von Klängen außerhalb eines musikalischen Zusammenhanges

1 Fritz Kuhlmann: Schreiben in neuem Geiste, 1919; Verlag Georg Westermann, Braunschweig/Hamburg

festzustellen. Diese Fähigkeit hat aber nichts mit der Erfassung des *Wesens der Musik* zu tun, für das einzelne Töne *nichts* bedeuten, der Zusammenhang *alles*. Aus diesem Grund kann auch der Besitz des absoluten Gehörs noch nicht einmal einen sicheren Anhaltspunkt dafür bieten, daß der damit „Begabte" ein besonderes Verhältnis zur Musik hätte. Das Vorhandensein oder Nichtvorhandensein dieser Fähigkeit, deren Nützlichkeit für die Überwindung vieler technischer Probleme nicht bestritten werden soll, kann deshalb aus dem Bereich unserer Betrachtungen ausgeschaltet bleiben. Nur die fachartistische Einstellung macht die hohe Bewertung dieser Fähigkeit, die durch eine fast gleichwertige Entwicklung des Intervall-Bewußtseins und bewußten Klang-Vorstellungs-Vermögens entfaltet werden kann, verständlich.
Alle diejenigen, die nur unrein oder überhaupt nicht singen zu können meinen, die Tonhöhen überhaupt nicht oder nur mit großer Mühe zu unterscheiden vermögen, die unrhythmisch zu empfinden scheinen, gelten demgegenüber als „unmusikalisch". Merkwürdig und bezeichnend ist es nun, daß man unter diesen „Unmusikalischen" auffallend viele Menschen trifft, die Musik leidenschaftlich lieben und ein so ausgesprochenes Gefühlsleben haben, daß man annehmen sollte, der musikalische Ausdruck entspräche ihrem Wesen am ehesten. Beim üblichen Musikunterricht – das ist gewöhnlich Gesang- oder Instrumentalunterricht – weist der gewissenhafte Lehrer diese „Unmusikalischen" als für die Musik unbrauchbar zurück. Er tut es von seinem Standort aus mit Recht, solange ihm nicht Mittel und Wege bekannt sind, die *Hemmungen des „Unmusikalischen" zu überwinden.*[1] Bei einem weniger gewissenhaften Lehrer aber werden diese „unmusikalischen" Menschen höchstens Objekt einer intellektuell-manuellen Dressur, wozu meist das Klavier herhalten muß als das Instrument, für dessen Behandlung man, wie allgemein geglaubt wird, am wenigsten „musikalisch" zu sein braucht.
Widerspricht nun die Existenz dieser sogenannt Unmusikalischen der Behauptung, daß *jeder* Mensch befähigt sei, sich musikalisch auszudrücken? Die praktische Erfahrung zeigt, daß das nicht der Fall ist. Ich habe in den letzten acht Jahren mit etwa 700 Menschen verschiedener Altersstufen, mit Fünfjährigen bis zu Sechzigjährigen, gearbeitet, mit Angehörigen verschiedener Nationen und Rassen. Obgleich sich von diesen etwa 80 Prozent zu den sogenannt Unmusikalischen gerechnet hatten, hat sich eine erfolgreiche Zusammenarbeit nur bei zweien als aussichtslos herausgestellt, bei de-

1 (Anmerkung Heinrich Jacoby, 1932: Charakteristisch für Mißverständnisse, die sich aus der Benutzung von „Wort" statt „Tat" ergeben, ist der unter Mitbenützung dieser Arbeit erst Jahre später erschienene Musikerlaß des preußischen Unterrichts-Ministeriums zu nennen, der zwar angibt: „Die Unmusikalischen sind zu erziehen!" – aber nicht: wie!)

nen die Fähigkeit, hohe bzw. tiefe Töne überhaupt *wahrzunehmen*, durch organische Erkrankung des Gehörapparates gestört war. *Ungewöhnlich* schwierig gestaltete sich die Arbeit nicht etwa bei denen, die die äußerlichen Merkmale der sogenannt Unmusikalischen am ausgeprägtesten hatten, sondern bei einigen ausgesprochen neurasthenischen Menschen, bei ungewöhnlich zerstreuten und schlaffen Menschen. Bei allen anderen zeigte es sich fast stets, daß z. B. das stimmliche Versagen, das Nicht-singen-Können oder das unreine Singen auf Störungen der Atemfunktionen, die sehr verschiedene Ursachen haben können, oft auch auf nervöse Hemmungen, besonders während und nach der Pubertätszeit, zurückzuführen waren. Ebenso zeigt die genaue Überprüfung, daß auch die scheinbare Unfähigkeit, „hohe" von „tiefen" Tönen oder Tonabstände überhaupt zu unterscheiden, nichts mit einer besonderen Beschaffenheit des Gehörs — sofern dies nur organisch gesund ist — zu tun haben kann. Das scheinbare Nicht-unterscheiden-Können ließ sich fast immer als ein nicht bewußter Mangel an Bereitschaft zum Versuch erkennen. War diese Bereitschaft wieder entstanden, so war auf einmal das „ musikalische Ohr" da! Das leuchtet ohne weiteres ein, wenn man bedenkt, daß dieselben Menschen, die scheinbar nicht Dur von Moll zu unterscheiden vermögen, einen Bekannten spontan an der Stimme erkennen oder gar am Schritt! Sie erkennen an der Klangfarbe genau, ob Metall oder Holz zu Boden fällt. Sie erkennen an der Art des Geräusches, ob ein zerbrechlicher Gegenstand beim Hinfallen unversehrt geblieben oder zerbrochen ist. Sie unterscheiden täglich mit dem Gehör unbewußt so fein, daß demgegenüber der Unterschied von kleiner und großer Terz geradezu grob erscheint. Wenn man häufig zu hören bekommt: „Ich bin wirklich ganz unmusikalisch, ich habe kein musikalisches Ohr!", erweisen nähere Untersuchung und kurzes Probieren die Unhaltbarkeit dieser Meinung. Der Grund für das Versagen ist in einem nicht bewußten Mangel an Bereitschaft, *gelassen zu hören, empfangen* zu können, zu finden.

Es handelt sich sehr oft um nervöse, zerstreute, oft einseitig intellektuell entwickelte Kinder und Erwachsene, bei denen auch sonst die Empfangsbereitschaft für Sinneseindrücke gemindert ist. Das falsche Singen sowie das Versagen bei der Beurteilung von Klängen ist außerdem immer auf ein zu schnelles „Reagieren" zurückzuführen: Der Versuch, Töne zu reproduzieren oder ihre Eigentümlichkeit zu erkennen, wird gemacht, bevor deutliche Klangempfindungen, Klangerinnerungen entstehen konnten. Veranlaßt man sie, die Augen zu schließen und sich den Klang erst einmal vorzustellen, innerlich zu hören, so gelingt der Versuch sehr bald. Letzten Endes treffen wir hier die gleichen Schwierigkeiten an, wie sie auf anderen Gebieten der Erziehung auch überwunden werden müssen. Alles, was zur Beseitigung oder Milderung solcher

Erscheinungen auf musikalischem Gebiet getan wird, geschieht also gleichzeitig in Richtung *ausgleichender allgemeiner* Erziehung. Die praktische Erfahrung zeigt immer wieder, daß eine Entwicklung, die psychologisch und methodisch anders als im üblichen Musikunterricht eingeleitet wird, die Äußerungs- und „Aufnahme"-Fähigkeiten der „Unmusikalischen" verhältnismäßig leicht fördert, und zwar oft so weit, daß sie in manchem den nicht auf einem solchen Weg gebildeten „Musikalischen" sogar überlegen werden. Wie wichtig diese überraschend gewonnene Möglichkeit der musikalischen Äußerung für die gesamte Entwicklung des einzelnen Menschen werden kann, was das Erwachen des Vertrauens zur eigenen Äußerungsfähigkeit und zu deren Entfaltungsmöglichkeit für die Entwicklung des Selbstvertrauens bedeutet, vermag der Unbeteiligte kaum zu ermessen.
Eine Berechtigung für die bisher übliche Scheidung in „Musikalische" und „Unmusikalische" kann es nicht mehr geben, wenn der Nachweis erbracht ist, daß die Hemmungen, die den Menschen unmusikalisch erscheinen lassen, überwunden werden können. Wenn wir uns gegenwärtig halten, daß Mangel an Selbstvertrauen vielleicht die häufigste Ursache dafür ist, daß jemand unmusikalisch erscheint oder sich dafür hält, so leuchtet ein, daß die Stärkung des Selbstvertrauens, die durch das Erlebnis des Sich-äußern-Könnens entsteht – während man sich bisher für stumm gehalten hat – für das allgemeine Verhalten sehr viel bedeutet. Das Problem der Entfaltung der musikalisch „Gehemmten" ist in mindest ebenso hohem Maße eine Frage psychischer wie musikpädagogischer oder musikpsychologischer Therapie.
Allerdings hat man in der Erziehung nicht danach zu fragen, ob die Äußerungen, die man erleichtern will, bedeutend oder unbedeutend, ob sie für irgendeinen anderen außer dem Sich-Äußernden von Wert sein werden! In der Erziehung hat man sich nicht von schwankenden subjektiven Werturteilen, von von außen kommenden Zwecksetzungen abhängig zu machen, sondern hat allein die Voraussetzungen, unter denen die in allen Menschen vorhandenen schöpferischen Fähigkeiten zu möglichst unbehinderter Auswirkung kommen können, zu schaffen. Die selbstverständliche Art, in der sich jeder durch das Wort allgemein verständlich machen und andere verstehen kann, ist das Ziel, das auch für die *musikalische* Äußerung zu erreichen versucht werden muß.
Ich sagte bereits, daß Musikunterricht ungeeignet ist, in diesem Sinn zu wirken, solange man Musik von „außen her" lehren, beibringen will, statt zum musikalischen Sich-Äußern anzuregen. Es fehlen dafür die *Grundvoraussetzungen*, solange die möglichst vollkommene Beherrschung der Instrumentaltechniken und der Regeln der Harmonielehre als höchstes Ziel gilt, – solange Musik doch mehr oder weniger als eine Angele-

genheit von Fachleuten betrachtet wird, und ganz besonders, solange elementare methodische und psychologische Forderungen, sowohl bei der *Stoffanordnung* als auch bei der *Lehrweise*, verletzt werden. Der Musikunterricht, so wie er heute meistens verläuft, ist geradezu ein Schulbeispiel dafür, wie *Erziehung* nicht sein soll. Wenn sich die Richtigkeit eines Weges daran erkennen läßt, daß er zum Ziel führt, so zeigen die unzulänglichen Leistungen der meisten Dilettanten, — die verhältnismäßig geringen musikalischen und erzieherischen Werte, die ein viele Jahre dauernder Schulgesangunterricht zu schaffen vermag, — vor allem aber das halbgebildete Musikerproletariat, dem unsere Konservatorien alljährlich neuen Zustrom bringen, *deutlicher* als alle theoretischen Überlegungen und Untersuchungen, daß der bisherige Weg nicht einmal für besonders „Musikalische" der richtige sein kann.

Am greifbarsten treten seine Mängel beim Instrumentalunterricht zutage und da wieder am deutlichsten bei dem unglücklicherweise am weitesten verbreiteten Klavierspiel: Mit seltenen rühmlichen Ausnahmen beginnt man den Unterricht mit der Benennung der Noten. Und das Notenlesen-Lernen geschieht bereits auf einem völlig mechanistischen Weg, indem man bestimmte Orte im Liniensystem benennt, statt die an sich sinnlosen Notenzeichen von dem jeweiligen Schlüssel her verstehen zu lassen! Der Schüler sucht sie auf dem *Papier* zu entziffern; dann zeigt man ihm den Ort auf dem Instrument. Haben die Augen, der kombinierende Intellekt und das Muskelsystem nur richtig funktioniert, dann klingt auch die Musik „richtig". Das „Ohr" aber hat bei der ganzen Musiziererei nichts anderes zu tun als *hinterher durch die Finger* zu erfahren, was auf dem Papier steht. Man versucht in neuerer Zeit, das Unsinnige eines solchen Weges zu mildern, und hat dazu besondere Gehörbildungsmethoden und Musikdiktatübungen erfunden, die zu analytischem Hören erziehen sollen. Aber diese Hilfsmittel können nicht einmal in dem ihnen möglichen Umfang nützlich werden, weil diese Übungen meistens *parallel* mit dem Instrumentalunterricht angewendet werden, anstatt ihm *vorauszugehen*. Die Fachschulung zieht Musiktheorie — als eine Art Grammatik — zur Vertiefung des „Musikverständnisses" mit heran, die zur intellektuellen Konstruktion von musikalischen Gebilden auf Grund erlernter Regeln anleitet. Auch der Schulgesang hat mit Hilfe von Musiktheorie, von Gehörübungen und rhythmischer Gymnastik versucht, sich von der Beschränkung auf das Auswendiglernen von Liedern und Notenzeichen zu befreien. Methodische Veränderungen können jedoch nicht darüber hinwegtäuschen, daß der Schulmusikunterricht als Gesangunterricht mit dem Wegfall seiner ursprünglichen Aufgabe, der Erziehung für den Kirchengesang, seinen inneren Sinn und Zweck verloren hat. Den Bemühungen um Verbesserungen liegt der falsche Glaube zugrunde, es sei eine wesentliche Höherentwicklung zu erreichen, wenn man, indem Volks- und Kirchenlied etwas vernachlässigt werden, sich möglichst dem Bildungsgesang der Fach- und Kunstmusik zu nähern sucht, d. h. die Ausbildung der Musiklehrer auf ein höheres Niveau in puncto Wissen(!) zu bringen versucht.

Alle Reformbestrebungen sind darauf gerichtet, die Beherrschung des Formalen, des Technischen zu *erleichtern* und zu *steigern*, d. h. die Symptome des Übels zu bessern, ohne die tieferen Ursachen aufzusuchen und das übel an der Wurzel zu fassen. Es werden andere Lieder gesungen als früher, es wird Tanz, Bewegung, rhythmische Gymnastik zur „Versinnlichung" musikalischer Vorgänge zu Hilfe genommen.

Aber Reformen ändern nichts daran, daß der Schüler vom ersten Tage an *ausschließlich* mit Versuchen zur *Nachahmung* fertiger musikalischer Gebilde und, wenn es hoch kommt, mit deren Beobachtung und Analyse beschäftigt wird, — daß man kein besseres Bildungsmittel kennt als das Musizieren in *fremden* Tönen, daß die Unterbindung jeder Gelegenheit zu selbständigen musikalischen Äußerungen mit dem Beginn einer bewußten Schulung zum selbstverständlichen Gesetz wird.

In welch unsinniger Weise wird bereits in der Kinderstube mit diesen Unterbindungen begonnen: Kaum fängt das Kind an, etwas vor sich hin zu trällern, kaum singt es ein paar Töne, die einen Zusammenhang erkennen lassen, so versuchen übereifrige Eltern, diese Melodiefragmente in ein erkennbares Lied zu „verbessern". Und wenn das Kind ein bekanntes Lied zu singen beginnt und dieses Lied unvermutet auf seine Weise fortsetzt, wird ihm schleunigst bedeutet, daß es *falsch* gesungen habe, daß die Melodie anders weitergehe. Schon in diesen plumpen Eingriffen ist häufig der Ursprung der Hemmungen zu suchen, die später den Menschen unmusikalisch erscheinen lassen. Es gibt keine andere Möglichkeit, das Kind davor zu schützen, als die Eltern zur *Achtung* vor den ersten schüchternen Zeichen eines naiven musikalischen Äußerungs-Bedürfnisses zu erziehen, damit sie das Kind zunächst ganz ruhig so „falsch" und so „richtig" singen lassen, wie es gerade mag. Daran, daß die jetzige Elterngeneration *selbst* sich musikalisch nicht zu äußern vermag, ist wenig zu ändern. So wird es vorläufig dabei bleiben, daß das Kind in seiner Umgebung meist nur mit Liedern und Werken der Musikliteratur in Berührung kommt anstatt mit *spontanen* musikalischen Lebensäußerungen. Es ist ihm also in der Kinderstube keine Anregung zu selbständigen Äußerungen oder gar zu einem *Austausch* und zur *Mitteilung* durch Klänge gegeben. Diese unbeabsichtigte Beschränkung auf Nachahmung und Reproduktion von schon Gehörtem wird nun, wie gesagt, mit dem Beginn einer musikalischen Schulung zur *bewußten*, selbstverständlichen Methode.

Dies ist der Punkt, von dem jede Umgestaltung ausgehen muß, wenn der Musikunterricht etwas anderes sein soll als mehr oder weniger geschickte Abrichtung und vor allem, wenn er von irgendeiner Bedeutung für die allgemeine Menschenbildung werden soll. Man glaube nicht, daß die selbständige Erfindung zu ihrem Rechte kommt, wenn, wie das neuerdings geschieht, dem üblichen Unterricht außer der Gehörbildung auch noch besondere Improvisationsübungen angegliedert werden. Auch ein systematischer Improvisationsunterricht, wie etwa der der Methode Jacques-Dalcroze, kann schon deshalb nichts grundsätzlich bessern, weil er sich auf das Erlernen fertiger Kadenzen und auf die Erwerbung von Automatismen stützt; er will auch eigentlich nicht das ursprünglich Schöpferische entfalten, sondern eine Gewandtheit zum Improvisieren von Musik für die rhythmische Gymnastik erzielen. Der kleinste Übungsstoff wie der scheinbar nebensächlichste Begriff müßten am Klavier — einerlei ob Kind oder Erwachsener — selbst erfunden, selbst gefunden werden! Ist erst einmal der Grundsatz anerkannt, daß *Weckung der Ausdrucksfähigkeit* und daß *Selbsttätigkeit* das *Wesen aller Erziehung* zu sein hätte, — daß es keine „Lehrenden" und „Lernenden" gibt, — daß wir uns an Stelle der Mitteilung von Erfahrungsresultaten allein auf Schaffung von *Erfahrungsgelegenheiten* zu beschränken haben —, so muß dieser Grundsatz auch bis in die letzten und scheinbar nebensächlichsten Absichten und Handlungen hinein zur Auswirkung kommen. All das, was man durch Gehörbildung, Improvisation, rhythmische Gymnastik, durch Gesang-, Instrumental- und Theorieunterricht, durch Formenlehre und ästhetische Einführungen auf getrennten Wegen und zum großen Teil unter falschen psychologischen und methodischen Voraussetzungen, in nicht naturgemäßer Anordnung und Aufeinanderfolge zu erreichen versucht, — all das kann nur durch einen aus der *Grundidee der Erziehung* sich gestaltenden *Gesamtunterricht* geleistet werden. Ein solcher erst schafft *Voraussetzungen* für Instrumentalspiel. Und dieser wieder muß von der Grundeinstellung ausgehen, daß Musik Ausdrucksmittel ist, daß nicht Noten und Klangkombinationen das Wesentliche der Musik sind, sondern daß diese nur Stoffgehäuse sind für Spannungsvorgänge, die im Sich-Äußernden nach Lösung drängen, und daß Wechsel von Spannung und Lösung das ist, was den Hörer als das Wesentliche zum Miterleben zwingt — nicht leere exakt und pedantisch vorexerzierte Klang-Regimenter!

Von Anfang an sucht eine solche Entwicklung an die unbewußten, spontanen musikalischen Lebensäußerungen anzuknüpfen und läßt an die Stelle der ausschließlichen Beschäftigung mit Liedern, Etüden und sonstigen Musikstücken — an die Stelle der Reproduktion und Nachahmung — die konsequente Anregung zur *selbständigen* Erfindung musikalischer Gebilde treten. Sie muß als ihre Hauptaufgabe die Schaffung von Situationen betrachten, in denen sich das Bewußt-Werden von häufigen — aber unbewußten (!) — Erfahrungen von selbst ergibt. Das Wichtigste ist, erst einmal jedem bewußt deutlich empfindbar werden zu lassen, was Spannungen sind und welcher Art sie sind. In einer solchen Arbeit wird es notwendig, die spontan erfundenen, an Tonumfang und Länge immer zunehmenden Klanggebilde allmählich so deutlich bewußt werden zu lassen, daß sie zunächst erinnert, später auch durch Aufzeichnung festgehalten werden können. Dabei können klare Vorstellungen bis zum Erkennen auch der kleinsten *Einzelheiten* musikalischer Klang-, Raum- und Zeitverhältnisse erarbeitet werden, aber niemals durch messendes Beobachten — wie etwa beim Musikdiktat — oder durch Konstruktionen an Hand von abstrakten Begriffen und Regeln wie in der Musiktheorie. Die Schaffung von Gelegenheiten für das häufige Erleben der in jedem Menschen unbewußt vorhandenen Möglichkeit der *Orientierung durch sein Empfinden* für Form, Rhythmus, Melodie und Harmonie ist dafür der einzig sichere Weg.

Es ist nicht möglich, die Art, wie solche Gelegenheiten zu schaffen sind, und ihre unmittelbaren Wirkungen — auch nicht durch die ausführlichste Beschreibung — nur halbwegs so deutlich zu machen, wie das die lebendige Demonstration in wenigen Augenblicken überzeugend vermag. Ich will mich deshalb darauf beschränken, kurz auf die wichtigsten Reaktionsweisen, die in jedem Menschen zur Auslösung gebracht werden können, und auf die Grundlagen, die es zunächst zu erarbeiten gilt, hinzuweisen: Jeder Mensch, auch der „unmusikalischste", fühlt, ob eine Musik abschließt. Wenn Kinder selber eine Melodie erfinden, oder wenn man ihnen etwas vorspielt, werden sie ohne Zögern feststellen, ob die Musik abschließt, ob sie willkürlich mitten im Fluß abgebrochen wird oder ob sie etwa nur unterbrochen wurde. Jeder merkt auch ohne weiteres, ob eine Klangfolge wirklich ganz abschließt, oder ob sie nur zu einem organischen, gliedernd wirkenden Einschnitt, einer Atempause oder einem sogenannten Halbschluß oder Trugschluß führt. Bricht die Musik kurz vor dem Schluß ab, so empfindet jeder, sofern nur ein die Tonika genügend charakterisierender Zusammenhang gegeben ist, den Zwang zum Schluß und hört ohne weiteres deutlich voraus, wie der Schlußton — die Tonika — klingen *müßte*, obwohl er nicht gespielt wird. Dieses Empfinden für die Tonika — für Anfang und Ende — ist *weder durch die temperierte Stimmung noch* durch die Tonalität bedingt. Es wird durch jede Klangfolge, die einen inneren Zusammenhang hat, ausgelöst, und zwar durch allermodernste genauso wie durch alte Musik. Jeder an sich sinnvolle Zusammenhang charakterisiert sich nur dadurch als Zusammenhang, daß er seinem inneren organischen Bau nach anfängt und aufhört. Jeder empfindet auch deutlich, ob einem Thema oder einer Tonika ein neues Thema oder eine *neue* Tonika folgt, ob trotz des Wechsels der Themen eine Einförmigkeit entsteht, weil die Tonika die gleiche bleibt, oder ob dem Thema eine Reihe von Klängen folgt, die eine Spannung verursachen, welche durch die Wiederkehr des Themas, bzw. der alten Tonika, gelöst wird. Dieses elementare Empfinden für Kontraste, für Spannung und Lösung gestattet die Orientierung auch bei größeren Formen und führt gleichzeitig zu unmittelbarem Erleben der Grundverhältnisse der Harmonien, die in sich selber, als Unterdominant- und Dominantwirkung in der Kadenz, die gleichen Spannungselemente tragen, wie sie für das Entstehen großer Formen Voraussetzung sind. Aus diesem Empfinden für Spannung und Lösung entwickelt sich in kurzer Zeit die Fähigkeit, den Aufbau und Ablauf auch größerer musikalischer Formen so sicher bewußt zu erleben, daß es möglich wird, ihre Proportionen schon nach einmaligem Hören schematisch zu rekonstruieren. Für die Harmonie bedeutet dies Spannungsempfinden zusammen mit dem Empfinden für Grundtöne die Möglichkeit zur zuverlässigen Unterscheidung der Funktionen der Hauptdreiklänge und damit die Grundlage für das Erkennen aller anderen akkordlichen Erscheinungen. Das eingeborene Empfinden für den Auftakt gestattet die klare Unterscheidung von Phrasen, Rhythmen und Taktarten, lange bevor der Schüler etwas von 3/4-, 4/4- oder 5/4-Takt weiß, und um so leichter und richtiger, je weniger er von solchen Dingen gehört hat und je weniger er an Zählen und Messen denkt. Durch das bewußte Erleben dieser noch verhältnismäßig groben Gliederungen wird allmählich die Voraussetzung für das Erkennen auch der feineren Einzelheiten geschaffen: Jeder empfindet, sobald er gewöhnt ist, gelassen auf Klänge zu lauschen, ob ein Ton von „oben" her zu einer Tonika führt (2-1) oder von „unten" her (7-1). Auf diese Weise kann jeder sofort empfindungsmäßig und mit Sicherheit den Unterschied von Halb- und Ganzton erkennen, ohne den Abstand *messen* zu müssen, weil er ihn aus der Empfindung des musikalischen und logischen *Zusammenhangs* heraus erlebt, während die übliche Gehörbildung vesucht, diese Fähigkeit durch Meßübungen an toten, aus dem inneren Zusammenhang gelösten Ausschnitten auszubilden. Auf die gleiche Weise sind später auch die anderen Melodiestufen in ihrem Verhältnis zu einer Tonika leicht zu erkennen. Will man das Phänomen Oktave bewußt erfahren lassen, so braucht man nur einen hohen oder tiefen Ton außerhalb des menschlichen Stimmumfangs „anzuschlagen" und zum Nachsingen aufzufordern. Jeder tut das unbewußt in *seiner* Stimmlage. Auch wenn „hohe und tiefe Stimmen" gleichzeitig dieselbe Tonika singen und dabei bewußt wird, daß dennoch nicht alle denselben Ton gesungen haben, so wird dadurch dem Singenden das Wesen der Oktave bewußt und damit die Möglichkeit gewonnen, den weiten Umfang des Tongebietes zwischen Baß und Diskant zu gliedern; auf ähnliche Weise müssen auch alle anderen Erscheinungen, wie Tonarten, Grundtöne, Dreiklänge,

Gegenstimmen usw. erarbeitet werden. Wir stützen uns dabei stets nur auf Funktionsmöglichkeiten, die im Menschen a priori vorhanden sind, die nur in der rechten Art und im rechten Augenblick bewußt werden müssen, um später als unbedingt sichere, nicht erlernte und darum auch *unverlierbare* Orientierungsmöglichkeiten für die Erfassung auch der kompliziertesten Klang-, Raum- und Zeitverhältnisse dienen zu können. Es handelt sich auch hier überall um Spannungsvorgänge, die durch klangliches Geschehen in uns ausgelöst werden. Die Aufmerksamkeit muß nur — eine kopernikanische Wendung — auf die Vorgänge in uns, auf das in uns Ausgelöste, gelenkt werden und nicht wie bisher auf den Stoff, auf das Klanggehäuse außerhalb von uns, das man betrachten, messen, analysieren, zergliedern soll. Die Selbst-Erfahrung entwickelt auch die Unterscheidungsfähigkeit für eigene „Aktivität" und „Passivität", für den Unterschied von „möglich" und „notwendig"!
Da Begriffe und Symbole naturgemäß erst der Erfahrung *folgen* dürfen, so hat das Kennenlernen der Noten, Vortragszeichen usw. — im Gegensatz zur jetzigen Gepflogenheit — erst nach der Entwicklung eines intensiven Klangempfindungsvermögens einzusetzen, und zwar nur als Mittel zur graphischen Fixierung *innerlich* gehörter, ihren zeitlichen und tonlichen Werten nach erkannter Klänge. Voraussetzung bleibt aber, daß auch das Kennenlernen der Symbole nach dem Grundsatz des *Erarbeitens* vor sich geht: Die Noten werden also zunächst nur als Mittel zur Veranschaulichung der Spannungs- und „Höhen"Unterschiede einzelner Tonstufen im Verhältnis zu ihrer Tonika erlebt, aber ohne feststehende *Eigenbedeutung*, die sie erst durch das Hinzukommen eines Schlüssels erhalten. Dann erst wirken die Schlüssel wirklich als Schlüssel, ohne die die Noten nicht zu entziffern sind und die — je nach ihrer Stellung — denselben Notenzeichen unterschiedlichen Sinn geben. Es ist dadurch möglich, von Anfang an ohne jede Schwierigkeit die

𝄞 -, 𝄢 - und 𝄡 - Schlüssel *gleichzeitig* anwenden zu lassen,

ebenso wie es möglich ist, nach Entdeckung des Prinzips der Tonarten sich von Anfang an in *allen* Tonarten, die nach dem gleichen Prinzip entstehen, gleich mühelos zu bewegen. Dann ist es wirklich ein leichtes, *innerlich gehörte Musik aufzuschreiben* und umgekehrt *den Klang aufgeschriebener Musik innerlich zu hören*.
Die übliche Art des *Instrumentalunterrichts* muß von Grund auf verändert werden! Vor allem muß mit dem Spielen eines Instruments *gewartet* werden, bis der Tonumfang innerlich erlebter Musik die eigenen Äußerungsmittel, wie Singen, Pfeifen, Klatschen, zu überschreiten beginnt. Die Wiedergabe von Werken der Musikliteratur darf später

— genau wie bei der selbsterfundenen Musik — auch nur nach vorausgegangener Klang-Empfindung versucht werden. Nur bei Einhaltung dieses natürlichen Ablaufs bleibt das Instrument, was es eigentlich sein soll: *Werkzeug, Hilfsmittel* für die musikalische Äußerung — und wird nicht Tummelplatz für eifrige Notenleser und mehr oder weniger geschickte Fingergymnastik. Es ist überraschend, in welchem Maße dann die manuellen Schwierigkeiten zurücktreten, weil die Finger einer intensiven Klang-Empfindung (Klang-Erinnerung, -Vorstellung) viel leichter gehorchen als einer intellektuellen Kombination. Außerdem kommt die volle Aufmerksamkeit, die nicht mehr durch mühsame Entzifferung von Noten und Vortragszeichen in Anspruch genommen wird, dann *ungeteilt* dem Umgang mit dem Instrument zugute. Bei der Wahl des Instrumentes sollten Blas- und Streichinstrumente dem Klavier vorgezogen werden: Ihre lange klingenden, lebendigen Töne schaffen lebendigere Klang-Empfindungen und -Erinnerungen als der kurzatmige Klavierton. Dazu kommt, daß auf ihnen technisch zunächst keine andere Möglichkeit als die des *melodischen* Ausdrucks gegeben ist — im Gegensatz zum Klavier, bei dem es unvermeidlich bleibt, daß die Finger schon komplizierte Zusammenklänge spielen können, lange *bevor* das Erinnerungsvermögen für solche Klänge entwickelt ist und bevor die polyphonen und akkordlichen Ausdrucksmittel in der gleichen Weise erarbeitet sind wie die melodischen.

Wenn die hier gegebenen Hinweise wirklich folgerichtig durchgeführt werden, muß es gelingen, bereits in einem dem bisherigen Schulgesangunterricht entsprechenden äußeren Rahmen die lebendige Auseinandersetzung mit den Ausdrucksmitteln, Formen und Stilarten, wie sie sich die abendländische Musik im Laufe der letzten Jahrhunderte gebildet hat, zu erreichen, und zwar mit sicherem Erfolg und in kürzerer Zeit, als das heute die Fachschulung vermag. Das soll nicht etwa heißen, daß sich die Musik in der ganzen Bedeutung, die sie für die Erziehung haben kann, durch Eingliederung als Lehrfach in irgendeinen Stundenplan auszuwirken vermag. Mit der Erwähnung des Schulgesangunterrichtes soll nur darauf hingewiesen werden, daß es bereits heute, wo wir meistens doch gezwungen sind, uns mit einer gegebenen Organisationsform in irgendeiner Weise abzufinden, dennoch möglich ist, in der praktischen Arbeit viel mehr zu erreichen, als man zunächst glauben möchte. Natürlich wird in einer *neuen* Schule, die mit dem, was wir heute unter Schule verstehen, auch äußerlich wenig Ähnlichkeit haben wird, die musikalische Erziehung zusammen mit der Entwicklung der Äußerungsfähigkeit auf anderen Ausdrucksgebieten mehr im Mittelpunkt stehen. Aber dieser Mittelpunkt wird sie nicht dadurch werden, daß etwa für die Arbeit viel mehr Zeit zur Verfügung gestellt werden müsse als bisher, sondern sie wird es durch die intensiven Wirkungen, die die Art der Arbeit ausstrahlt — durch die Hemmungen lösenden Folgen, die eine Stärkung des Selbstvertrauens bewirken –, durch die Gewöhnung an bewußte Erfahrung und Konstatierung, an sachliche Oberprüfung von Vorgängen und Geschehnissen unter Ausschaltung subjektiver Wertung und ästhetischer Vorurteile. Ich betone jedoch nochmals, daß solche Wirkungen nur dann erwartet werden können, wenn der *lückenlose, folgerichtige* Ablauf der vorhin gezeigten Entwicklungsphasen gewahrt bleibt.

Wer zum Beispiel auf das ungeduldige Drängen einer um die zukünftigen Erfolge ihres Kindes besorgten Mutter irgendeine Art von Instrumentalstudium gestattet, *bevor* sich beim Kind ein über seine persönlichen Mittel erweitertes *Außerungs-Bedürfnis* zu erkennen gibt, darf sich über einen notwendigerweise eintretenden Mißerfolg oder einen halben Erfolg nicht wundern. (Man kommt als Lehrer in schwierige Situationen gegenüber Eltern! Deshalb Erziehung der Erwachsenen! – Zumindest Aufklärung!) Man darf sich auch durch den Einwand, daß die Hände ohne frühzeitige technische Übung für ein gutes Instrumentalspiel später zu steif und ungeschickt wären, nicht zum Nachgeben verleiten lassen. Die Ansicht, daß Kinder nicht frühzeitig genug mit „Üben" anfangen können, gehört zu den vielen, anscheinend unausrottbaren Denkgewohnheiten, die keiner näheren psychologischen oder physiologischen Betrachtung standhalten. Man braucht nur den üblichen Entwicklungsgang und die späteren, in keinem Verhältnis zur aufgewendeten Zeit und Kraft stehenden, meist kläglichen Leistungen von Kindern mit früh gedrillten Händen zu verfolgen, um zu sehen, daß in den meisten Fällen das Gegenteil des Erwarteten, nämlich Verbildung, erreicht wird. Sechsjährige Wunderkinder haben auch nicht sechs Jahre lang täglich ihre vier bis acht Stunden üben können, um die erstaunlichen virtuosen Leistungen zu erzielen, die wir von ihnen zu hören bekommen. Man wird sagen: Das sind eben „Wunder"kinder, und wir haben es mit „Durchschnitts"kindern zu tun. Aber wer ahnt denn auch nur, wie viele Kinder täglich vom *Wunder*, das in ihnen ruht, durch die übliche Schulung zum *Durchschnitt* herunter erzogen werden? Gingen wir andere Wege, würde uns sicher manche Leistung nicht mehr als Wunder erscheinen, bei der das heute der Fall ist. Über das Üben als Arbeitsmethode – nicht nur bei der Musik – wäre in diesem Zusammenhang noch mancherlei zu sagen; das würde aber zu weit von unserem Thema abführen. Ich muß mich deshalb darauf beschränken, daran zu erinnern, wieviel leichter die ausführenden Organe einer einzigen intensiven inneren Vorstellung gehorchen als noch so exakten und häufig wiederholten „geübten" Reflexionen oder von außen kommenden Befehlen. Ich habe im Verlaufe von fast 10 Jahren, während deren ich im Sinne dieser Ausführungen zu arbeiten versuchte, erfahren, daß mit jedem Jahre, in dem ich die Entwicklung des Klangempfindungs-, Klangerinnerungs-

vermögens konsequenter allem Technischen vorausgehen ließ und das Erarbeiten lückenloser durchführte, die Schüler für die Erreichung der *gleichen* Ziele *weniger* Zeit brauchten. Ganz entscheidend aber half für die Vereinfachung der Arbeit jene immer konsequenter durchgeführte Wendung, die zur Selbst-Erfahrung, zur Erfahrung der durch die Musik in uns ausgelösten Spannungs-Vorgänge anleitet, bevor man sich bewußt für den Stoff, der diese Vorgänge auslöst, interessiert.
Zeigte sich das schon bei den oft sehr gehemmten Erwachsenen, mit denen ich in München arbeitete, so trat die Vereinfachung der Arbeit und die Zeitverkürzung bei den nicht so stark verbildeten Kindern der Odenwaldschule noch auffallender in Erscheinung. Als ich vor etwa 1 1/2 Jahren dort den Musikunterricht übernahm, war ich trotz der großzügigen Art, in der man mir für die Unterrichtsgestaltung völlige Freiheit ließ, doch *zeitlich* recht beschränkt, weil ich, gemäß der Überzeugung, daß es keine Unmusikalischen gäbe, sämtliche Schüler unterrichten wollte. Ich habe die Arbeit damals gleichzeitig mit allen Schülern zwischen 9 und 19 Jahren begonnen. Ich stellte Gruppen mit je etwa 20 Teilnehmern zusammen und hatte nicht mehr als zweimal 3/4 Stunden in der Woche für die Arbeit mit jeder Gruppe zur Verfügung. Von den 100 Knaben und Mädchen waren viele verbildet, die meisten stimmlich und nervös gehemmt, so daß nur sehr wenige als im üblichen Sinne musikalisch bezeichnet werden konnten. Auch die in dieser Art regelmäßig unterrichteten Schüler, welche zunächst keine zwei Takte nachsingen oder auswendig behalten, auch nicht Noten lesen konnten, haben sich in 1 1/2 Jahren so weit entwickelt, daß sie größere Melodien, dreiteilige Formen selbst erfinden und sie ebenso wie fremde Melodien – wenn auch zunächst noch langsam – fehlerlos nach dem Gehör aufschreiben konnten, und zwar sowohl in den drei Schlüsseln als auch in verschiedenen Tonarten. Außerdem konnten sie einfach aufgeschriebene Melodien innerlich hören und sie nach beliebigen Tonarten transponieren. Bei einer Gruppe konnte schon mit dem Erfinden von Gegenstimmen und Akkorden und mit dem Einbeziehen von Instrumenten begonnen werden. Das Formenbewußtsein war so weit entwickelt, daß auch größere Musikstücke wie langsame Sätze oder Scherzi aus Sonaten und Symphonien in ihrem Aufbau beim Hören deutlich erkannt wurden, und zwar nicht durch *Analyse*, sondern durch das Erleben ihrer Gliederung als Spannung und Lösung und als dynamische Abstufungen.
Ich erwähne hier als Resultate nur den *äußerlich* feststellbaren Besitz an rein musikalischen Werten. Er wurde erarbeitet in einem Rahmen, der nicht wesentlich über den hinausging, der sonst dem Schulgesangunterricht zur Verfügung steht und unter meist leidenschaftlicher Anteilnahme der Kinder. an dem selbstgeschaffenen, stets lebendigen Stoffe.

Diese Anteilnahme ist gegenüber der lähmenden und abstumpfenden Quälerei, zu der der übliche Musikunterricht gar zu oft führt, nicht verwunderlich; denn das Erarbeiten aller klanglichen Erscheinungsformen, der musikalischen Gesetze und Begriffe vollzieht sich, wie immer wieder betont werden muß, allein durch die Entfaltung der in jedem Menschen vorhandenen Fähigkeit, sich an seinem Empfinden zu orientieren, gestützt auf die deutlich unterscheidbaren Empfindungen von Spannungs- und Lösungs-Prozessen und -Arten. So kommt es, daß auch der „Unmusikalische", der vor allem durch seine ungenügende Lausch- und Meßbereitschaft auf dem üblichen Wege versagt, hier mit vollem Erfolge mitarbeiten kann. Er ist ja der, der nicht nach außen „aufmerken" kann, aber sehr bald an sich selbst zu erfahren vermag! Er erlebt die Klangspannung genauso unmittelbar wie der „Musikalische", und wenn er stimmlich gehemmt ist, ermöglichen ihm gelasseneres Verhalten, bewußtere Beziehung zu seinen Atemfunktionen und erwachendes Klangempfindungs-, Klangerinnerungs-, Klangvorstellungs-Vermögen allmählich, die innerlich gehörten Klänge auch singend oder pfeifend wiederzugeben. Wenn Schwierigkeiten bei der Zusammenarbeit auftauchen, so haben sie fast stets ihren Grund in dem vielen *Denken zur Unzeit*, in der vorschnellen Reflexion, die klare Sinneseindrücke, Klangempfindungen, Klangvorstellungen gar nicht aufkommen läßt. Man muß nur sehen, wie sich die meisten Menschen bei der Aufforderung, die Augen zu schließen und gut zuzuhören, verhalten: Sie ziehen gewöhnlich die Stirn in Falten und beginnen angestrengt *„nachzudenken"!* „Nachdenken" verhindert aber unfehlbar unmittelbares Bewußtwerden von Sinneseindrücken. Nicht mehr nach außen fragen: „Was ist richtig?" — „Was ist falsch?", sondern die Antwort aus der bewußten Erfahrung seiner selbst holen! Nur das führt zu wahrer Selbständigkeit! Es gilt also, entgegen der gewohnten Anstrengung zu einem bewußten Empfinden des Zustandes von Gelassenheit zu kommen. Durch Auslösung der in jedem Menschen a priori vorhandenen Gesetzmäßigkeiten wird der Hörer leicht — sogar gegen seinen Willen — zu *spontanem* Reagieren *gezwungen*. Zugleich entwickelt die ständig notwendige Lauschbereitschaft die Fähigkeit zu tiefer Konzentration, dem Gegenteil von angestrengtem „Nachdenken". Die Gewöhnung, durch gelassenes Verhalten für das bewußte Erleben des innerlich sich Gestaltenden bereit zu werden, ermöglicht es, die wichtigste Voraussetzung aller schöpferischen Leistung zurückzugewinnen: *Die Fähigkeit, intellektuelle Reflexionen so lange zurückzuhalten, bis Empfundenes klare Gestalt gewonnen hat.*

Wir sehen hier also einen Zugang zu den Vorbedingungen einer Fähigkeit, der den meisten Menschen gewöhnlich zugleich mit dem Verschwinden der kindlichen Unbefangenheit verlorengeht, und finden damit gleichzeitig eine Erklärung für das so häufig zu erlebende plötzliche Verstummen des kindlichen Äußerungsbedürfnisses und des kindlichen Erfindungsreichtums. Wohl jeder kennt aus eigener Erfahrung genug Fälle, in denen Kinder, die bis zur Einschulung für ungewöhnlich „begabt" auf einem oder auch mehreren Ausdrucksgebieten gegolten hatten, mit dem Beginn eines systematischen Lernunterrichts sehr bald aufhörten, „begabt" zu sein, und zur allgemeinen Enttäuschung in der Masse verschwanden.

Ich mache darauf aufmerksam, daß der Begriff Begabung hier falsch gebraucht wird; man müßte von Kindern sprechen, deren natürliche Ausdrucksfähigkeit ausnahmsweise so lange unverschüttet geblieben war! In all diesen Fällen war das kindliche Äußerungsbedürfnis unter dem verbildenden Einfluß der Erziehung verschüttet worden. Daß diese Verschüttung nicht endgültig zu sein braucht, zeigen die eben geschilderten Erfahrungen bei der Musik, die durch die Unmittelbarkeit ihrer Wirkungen am ehesten wieder spontane Äußerungen hervorrufen kann.

Aber nicht nur produktive Äußerungen werden so gefördert, sondern auch für das Erfahren *äußerer* Eindrücke werden andere Vorbedingungen geschaffen, als das durch irgendeine messende oder zergliedernde Methode möglich ist. Erst mit der Entwicklung der Fähigkeit zur vollen Hingabe an den Klang wird dem Durchschnittshörer ein *unmittelbarer* Zugang zu den Wirkungen, die von den Werken der Musikliteratur ausgehen, geöffnet.

Wenn ich eine Sprache sprechen kann, verstehe ich sie auch! Sowenig wie grammatische oder etymologische Untersuchungen uns dem Wesen einer Dichtung oder die Feststellung perspektivischer oder farbiger Werte uns dem Ausdruck eines Bildes näherbringen können, sowenig können Analysen, Besprechung oder Zergliederung von Musikwerken zum Zwecke der Einführung in das bezeichnenderweise so genannte *„Musikverständnis"* oder aber vieles Musikhören in Konzerten einen solchen Zugang öffnen. Solange noch nicht auf einem anderen Wege die *Voraussetzungen* für ein gelassenes Erleben klanglicher Eindrücke geschaffen sind, kann die Scheidewand, die Unkonzentriertheit und die Gewohnheit, zur Unzeit zu reflektieren, zwischen Hörer und Werk aufrichten, nur durch die relativ seltene, lebendige, dem Werke adäquate Art des Musizierens durchbrochen werden. Sicher ist man erst durch das überwiegend häufige berufsmäßige *Herunterspielen* und *-singen* von *Noten* anstelle des Wirksamwerden-Lassens der *Energien* — für die Noten nur dürftige Symbole sind — dazu gekommen, den Wunsch nach Einführung — nach „Verständnis" — an die Stelle des Wunsches nach *Miterleben* zu setzen. Wenn wir stets überzeugend gestaltete, lebendige Wiedergaben von Musik, die der Reproduzierende *selber erlebt hat*, zu hören bekämen, würden unbefangene Hörer niemals das Bedürfnis nach Erläuterungen und

Analysen durch lebendige oder gedruckte Musikführer empfinden. Es darf aber nicht vergessen werden, daß Entfaltung von Konzentration und Vorstellungsfähigkeit, die die Produktivität und „Aufnahme"-Bereitschaft jedes Menschen steigern können, auch Voraussetzung für Intensität und Lebendigkeit von Reproduktion sind. Intensität und Lebendigkeit des Ausdrucks, die uns heute ungewöhnlich erscheinen, werden in dem Maße selbstverständlich werden, in dem unsere Erziehung es durchsetzt, daß auch alle Reproduktion aus echtem Ausdrucksbedürfnis und intensiver *innerer* Vorstellung hervorgeht.

Der hier gezeigte Weg läßt sowohl für das Schöpferische als auch für Nachschaffen und „Aufnehmen" in gleicher Weise und inniger Wechselwirkung neue Möglichkeiten einer wirklichen musikalischen Kultur erkennen. Auf eines sei noch hingewiesen: Ich habe hier von Klang als Ausdrucksmittel gesprochen, als Mittel für Äußerungen subjektiver – wenn auch noch so hochwertiger! – Empfindungen.

Das ist eine Etappe in dem kurzen Weg der Musik, die – zuerst Diener für Wort, Kult, Bewegung – jetzt als selbständiger Klang-Ausdruck besteht und später vielleicht – vom Menschen losgelöst – nur noch Bild kosmischen Geschehens, Spannungsspiel ohne subjektiven Ausdruck sein wird.

Ein weiterer wichtiger Punkt ist, daß wir durch Ausschaltung von ästhetischen Werturteilen – von häßlich und schön, angenehm und unangenehm – bei dem bewußten Erleben der durch Klangkombinationen in uns ausgelösten Spannungsvorgänge zu einer sachlichen und klaren Einstellung gegenüber musikalischem Geschehen kommen und bewußt erfahren, erkennen, daß wir in uns und an uns Naturgesetze erleben und im Begriffe sind, uns einer Musik zu nähern, die, unter Ausschaltung des subjektiven Ausdrucks, ohne die menschliche Empfindung, eine naturwissenschaftliche – vielleicht mit Hilfe der Maschine – exakte „Spiegelung" klanglicher Dynamik ist.

Eine solche Erschließung des Ausdrucksgebietes Musik gewinnt über den Rahmen der musikalischen Erziehung hinaus durch den Zugang, den sie zu den Voraussetzungen des Schöpferischen – des spontanen Ausdruckes ganz allgemein – gewährt, wie durch die Möglichkeit, die Äußerungsfähigkeit aller – auch der in der Überzahl befindlichen „Unmusikalischen" – zu entfalten, besondere Bedeutung in der *allgemeinen* Erziehung. Auf die Entfaltung schon reifer Menschen, die als „Unmusikalische" überraschend eine Äußerungsmöglichkeit erleben, kann sie durch die Stärkung des Vertrauens in die eigene Äußerungs*fähigkeit* von tiefer Wirkung sein.

Diese Bedeutung wird die musikalische Erziehung um so sicherer und schneller gewinnen, und die Mißstände im öffentlichen Musikbetrieb werden um so eher verschwinden, je vertrauter und selbstverständlicher allen der Gedanke wird, daß der musikalische Ausdruck an sich nichts mit Kunst zu tun hat, – je eher das Vorurteil von der „Begabtheit der Musikalischen" wie das von der „Unbegabtheit der Unmusikalischen" verschwindet.

Auch die scheinbar selbstverständlichsten und „bewährtesten" Gepflogenheiten unseres Musikbetriebes sollten daraufhin überprüft werden, ob sie mit der Grundidee einer schöpferischen Erziehung vereinbar sind.

Es kann nicht scharf genug betont werden, daß *nichts* gebessert wird, wenn immer wieder neue Methoden zu den vielen schon vorhandenen erfunden werden. Es handelt sich bei allem, von dem hier die Rede war, *nicht* um eine neue Methode und nicht darum, Veränderungen und Verbesserungen irgendwelcher Art am heutigen Musikunterricht anzustreben. Es handelt sich im Grunde auch nicht um eine rein musikalische Angelegenheit; denn der hier geforderte Bildungsweg ist aus einer Erkenntnis gestaltet, die in dem eigentümlichen Wesen *aller* menschlichen Ausdrucksfähigkeit begründet ist. Die gleichen Forderungen müßten deshalb genauso für jedes andere Ausdrucksgebiet erhoben werden wie für die Musik.

Es handelt sich darum, aus einer anderen Einstellung, einer anderen Gesinnung einen anderen Weg nach anderen Zielen zu gehen.

Und wer in sich die Überzeugung vom Schöpferischen im Menschen lebendig fühlt, wird einen solchen Weg gehen können.

1924

JENSEITS VON „MUSIKALISCH“ UND „UNMUSIKALISCH“

VORAUSSETZUNGEN UND GRUNDLAGEN EINER LEBENDIGEN MUSIKKULTUR

VON

HEINRICH JACOBY

MITGETEILT AUF DEM II. KONGRESS FÜR ÄSTHETIK UND ALLGEMEINE KUNSTWISSENSCHAFT, BERLIN, OKTOBER 1924

STUTTGART
VERLAG VON FERDINAND ENKE
1925

Sonderdruck aus der Zeitschrift für Ästhetik und allgemeine Kunstwissenschaft, Jahrgang 1925, Heft 1–4

* Programmgemäß hätte ich die Beziehungen, die zwischen Musik und dem Thema „Kunst und Jugend" bestehen, darzulegen. Es ist nicht meine Absicht, mich dieser Aufgabe dadurch zu entledigen, daß ich Ihnen einen Überblick über das gebe, was in der musikalischen Praxis — der pädagogischen wie der des „Kunst"-Betriebes — mit der Jugend geschieht; was man „richtig" und „falsch" tut; was man mit oder ohne Erfolg zu reformieren versucht. Es liegt mir allein daran, Sie auf die tiefliegenden Ursachen aufmerksam zu machen, auf die all die Krankheitserscheinungen zurückzuführen sind, an denen das, was heute fälschlich „Musik-Kultur" genannt wird, leidet und ohne deren Beseitigung alle nur an der *Peripherie ansetzenden Reformversuche* zum Scheitern verurteilt bleiben. Diese Ursachen sind nicht leicht zu erkennen. Sie bleiben dem in längst zur Selbstverständlichkeit gewordenen Vorurteilen und Denkgewohnheiten befangenen Beobachter verborgen. Außerdem fehlt es für das Weitergeben von Einsichten im Bereich der Musik — mehr als auf irgendeinem anderen Gebiet — an klaren, eindeutigen Begriffen. Die vielfältig verschiedenen und verschwommenen Auffassungen von Wesen, Wirkung und Aufgaben der Musik, die übliche Verquickung von Musik mit Kunst bedeuten alles andere als eine brauchbare Verständigungsgrundlage.
Anstatt uns bei so ungeklärten Voraussetzungen in Betrachtungen über musikalische Beziehungen und über Zustände unseres Musiklebens zu verlieren, wollen wir uns lieber erst einmal fragen: Was meinen wir *wirklich*, wenn wir von Musik reden? Wer ist „musikalisch", und *was* ist „musikalisch"? — Wer ist „*un*musikalisch", und was wollen wir damit sagen, wenn wir jemanden als „*un*musikalisch" bezeichnen? — *Wie* sind wir gewohnt zuzuhören? Auf was achten wir, wenn wir *zu*hören und dgl. mehr. — Wir müssen unbedingt eine Klärung von solchen primitiven Begriffen und Fragen der Klangbeziehungen und der musikalischen Ausdrucks- und „Aufnahme"-Fähigkeit anstreben, wenn wir eine sichere Basis gewinnen wollen, von der aus klare und fest umrissene Fragestellungen möglich werden. Themen wie etwa das Thema „Kunst und Jugend" sind, wie sich sehr bald zeigen wird, nur infolge der Unklarheit über die tatsächlichen Vorgänge und Beziehungen formulierbar. Unser Thema ist daher als Fragestellung abzulehnen, und ich gehe nicht mehr besonders darauf ein. Die Konsequenzen, die sich für Teilgebiete und Beziehungen, an die der einzelne bei Worten wie „Kunst und Jugend" denken mag, aus unseren grundsätzlichen Erwägungen ergeben, müssen sich — wie für viele andere Fragen auch — im weiteren Verlauf jedem von selbst aufdrängen.

* Dieser Vortrag wurde für die Neu-Herausgabe überarbeitet von Sophie Ludwig, Berlin, 1983

Den folgenden Ausführungen liegt eine fest umrissene Auffassung von Musik zugrunde. Sie wird dazu zwingen, eine grundsätzliche Änderung im *Verhalten* zum musizierenden Menschen und eine ebenso grundsätzliche Wendung in der Blickrichtung, oder besser Hörrichtung, bei der Beurteilung von Klangverhältnissen und Klangvorgängen vorzunehmen. Mit dieser Wendung gewinnen wir einen Standort, von dem aus gesehen viele psychologische, pädagogische und ästhetische Probleme in einem anderen Licht erscheinen werden als bisher. — Bei vielem, was sich dabei im Widerspruch zu bestehenden Denkgewohnheiten und zur üblichen Zuhörerhaltung und Beobachtereinstellung befindlich zeigt, ist für den wirklich überzeugenden, beweiskräftigen Aufschluß die selbsttätige Erfahrung unentbehrlich. Leider fehlt uns hier die Möglichkeit der Demonstration durch praktische Versuche und zwingt die Kürze der zur Verfügung stehenden Zeit zur Beschränkung auf grobe Andeutungen.
Durch diese Beschränkung wie durch den Zwang, auf dem Umwege über das Wort von Klangvorgängen *sprechen* zu müssen, bin ich für das Verständnis von vielem in meinen weiteren Ausführungen in hohem Maße auf Ihren guten Willen, verstehen zu *wollen*, angewiesen.
Die allgemeine Unklarheit, die über Sinn und Begrenzung des Begriffes „Musik" besteht, bildet wohl das stärkste Hindernis für eine Verständigung in musikalischen Fragen. Welche Verwirrung entsteht allein schon dadurch, daß man gewöhnt ist, unter Musik sowohl Klänge (das Klang-Gehäuse) als auch Klang-Wirkungen zu verstehen! Und mit wie vielfältigen, außermusikalischen, klang*fremden* Beziehungen und Vorstellungen sind Klanggebilde, die Unterlage für Untersuchungen nach der Gesetzmäßigkeit musikalischer Struktur und Wirkung abgeben sollen, von vornherein belastet! Die Schwierigkeit, beim Gebrauch des Begriffes Musik die ihm aus früheren Entwicklungsstadien anhaftenden, irreführenden außerklanglichen Assoziationen auszuschalten, ist außerordentlich groß. Es würde die Verständigung wesentlich erleichtern, wenn wir für die zum Teil erst durch die Entwicklung der abendländischen Polyphonie deutlich darstellbar und erkennbar gewordenen Möglichkeiten eines völlig selbständigen *Eigen*lebens der Musik, — wenn wir für die *rein klanglichen* Beziehungen und *spezifisch klanglichen* Wirkungsmöglichkeiten an Stelle des Wortes „Musik" unbelastete und eindeutige Begriffe setzen könnten. Trotz aller theoretischen Erörterungen und „wissenschaftlichen" Definitionen stellt sich noch heute jeder unter Musik etwas anderes vor.
Jeder, mag er selber musizieren, Musik produzieren oder nur reproduzieren, mag er als „Künstler", als Wissenschaftler, als Erzieher die Klänge gebrauchen und über Musik sprechen und schreiben, oder mag er nur zum passiven „Publikum" gehören,

— jeder *meint* mit Musik etwas anderes, jedem *bedeutet* Musik etwas anderes. Was versteht man nicht alles unter „Musik", — was wird nicht alles von ihr verlangt und in sie hineingeheimnist! Den einen soll sie erbauen, der andere will sie genießen wie ein Narkotikum; sie soll Anregungsmittel sein für Bild- oder Farbvorstellungen, für phantastische Träumereien, Anregungsmittel für motorische Abläufe, „Begleitung" zum Tanz, Hilfsmittel zur Erhöhung des sprachlichen Ausdrucks, zur Vertonung des Wortes u. dgl. mehr. Und wenn dieses Gemisch so vielfältiger Auffassungen, Erwartungen und Beziehungen dann Gegenstand philosophischer, psychologischer, analytischer Betrachtung oder Anlaß zur Versenkung in Zahlensymbolik und mystische Spekulationen geworden ist, ist man überzeugt, sich mit „Musik" beschäftigt zu haben.

Es ist nicht meine Absicht, hier zu den vielen vorhandenen Definitionen des Wortes „Musik" noch eine neue vorzuschlagen. Ich will nur auf die für eine fruchtbare Diskussion notwendige Einschränkung und Begrenzung seiner Bedeutung in Sprachgebrauch und Denkgewohnheit hinweisen. Es kommt zunächst nicht so sehr darauf an, genau festzustellen, was Musik ist, als darauf, festzustellen, was Musik auf jeden Fall *nicht* ist. Eine scharfe, *positive* Formulierung wird erst als Resultat unserer gemeinsamen Erwägungen im weiteren Verlauf dieser Ausführungen deutlich und verständlich werden.

Wir folgen der klar erkennbaren Entwicklungstendenz, wenn wir unter Musik nur noch reine *Klangbeziehungen* und unter musikalischen Wirkungen nur spezifische *Klangwirkungen* verstehen wollen, — also Wirkungen, *die nicht auch durch irgendein anderes Medium erzielt werden können*. Im Rahmen unserer Erörterungen ist Musik im weiteren Sinne nur Ausdruck oder Eindruck, erzielt durch Schaffung von Klangbeziehungen, frei von allen außerhalb derselben liegenden Beziehungen, Verbindungen und Zwecken. Alle anderen Wirkungs- und Verwendungsarten als die durch reine *Klangbeziehungen* möglichen gehören in den Bereich der Grenzgebiete oder müssen als persönliche Angelegenheit des Erlebenden oder des Beurteilenden ausgeschaltet werden. Die beiden grundsätzlich verschiedenen Zielrichtungen — Ausdruck und Eindruck — sind bei Beurteilungen stets auseinanderzuhalten.

Außerdem muß Klarheit darüber bestehen, daß einzelne Klänge oder einzelne Zusammenhänge noch nichts mit Musik zu tun haben, — *daß nicht die Klänge selbst, sondern die Energieformen, die zwischen in bestimmter Richtung wirkenden Klängen entstehen, die Voraussetzung für das Vorhandensein von Musik sind.* (Für das Entstehen von Musik sind also mindestens zwei aufeinander folgende Klänge nötig.)

Noch verwirrender als die ungenügende Umgrenzung der Bedeutung des Begriffs

„Musik" wirkt die *Verquickung von Musik und Kunst*. Diese Verquickung ist so selbstverständlich und allgemein, daß die Gewohnheit, Musik mit Kunst zu identifizieren, vielleicht als das einzig wirklich Gemeinsame in all dem oft so grundsätzlich Verschiedenen, was man unter Musik versteht, erscheint. In welcher Verbindung Musik auftreten, wozu sie benutzt werden mag und wer immer sich mit ihr beschäftigen mag, — stets und überall denkt man zuerst an *Kunst* und damit unwillkürlich an das Besondere, an etwas „Höheres", Nichtgewöhnliches. So ist der Blick bei allen Untersuchungen von jeher und von vornherein durch subjektive, zeitlich bedingte Wert- und Stilbegriffe, moralische Absichten, ethische Forderungen und romantische Sentiments, wie sie jeder „Kunst"-Einstellung anhängen, befangen gemacht worden. So nur ist es zu erklären, daß in der Musik, wie wohl auf keinem Ausdrucksgebiete sonst, die elementaren Verständigungsgrundlagen fehlen. Es fehlen nicht nur eindeutige und charakteristische Begriffe, es fehlt auch reinliche Scheidung der Phänomene, Klarheit über psychologische und physiologische Gesetzmäßigkeiten bei klanglichen Abläufen — ja zum Teil fehlt sogar das Bewußtsein dafür, daß es so etwas überhaupt gibt. Die Resultate der psychologischen wie der historischen und der ästhetischen Betrachtung, die Anweisungen und Regeln der sogenannten Musiktheorie wie vor allem die Leistungen des für Millionen Menschen praktisch bedeutungsvollsten Gebiets — der *Pädagogik* — werden hierdurch zum Teil bis zur Sinnlosigkeit entstellt und entwertet.

Die Verwechslung und Vermengung des vorhandenen allgemeinen, natürlichen, selbständigen Ausdrucksmittels mit dem *besonderen*, „künstlerischen" in allen Mischformen unseres Kunstbetriebes ist schließlich auch schuld an der unklaren Einstellung gegenüber dem Musik „aufnehmenden" wie dem sich klanglich äußernden Menschen. Wir sind an ein falsches Bild von besonderen musikalischen Anlagen im „musikalischen" Hörer und von dem Wesen der musikalischen „Begabung" gewöhnt. Sehr deutlich zeigt sich das bei dem, was man unter „musikalisch" und „unmusikalisch" versteht, und bei denjenigen, die man — willkürlich wertend — mit diesen Prädikaten abstempelt. Wir werden später sehen, wie geradezu verhängnisvoll sich die Verwechslung von allgemein vorhandenen, nur häufig verschütteten und verbildeten Naturanlagen mit meist nur scheinbar besonderer „Begabung" in der praktischen Psychologie und Pädagogik ausgewirkt hat.

Wenn wir zuverlässige Grundlagen für die Beschäftigung mit den Voraussetzungen der klanglichen Ausdrucks- und Erlebensfähigkeit gewinnen wollen, müssen wir damit aufhören, uns allein durch Betrachtung von Ausnahmeleistungen, von Kunstwerken und Kunstschaffen zu orientieren. Wir dürfen nur von den *allen* möglichen Leistungen

und Reaktionen ausgehen, wenn wir die Grenzen und Möglichkeiten der *allgemeinen* Ausdrucks- und Erlebensfähigkeit, und vor allem die ihr zugrundeliegenden gesetzmäßigen Funktionen kennenlernen wollen. Dazu müssen wir erst einmal einsehen, daß alle Gedanken an Kunst mit ihren verwirrenden Wertsuggestionen ausgeschaltet werden müssen, daß es überhaupt so etwas wie eine allgemeine Ausdrucks- und „Aufnahme"-Fähigkeit in der Musik gibt und daß die Rolle, die die Klänge dabei spielen, eine wesentlich andere ist, als man gewöhnlich glaubt.
Zunächst wollen wir uns mit der Feststellung auseinandersetzen, daß *Musik in erster Linie ein allgemeines menschliches Ausdrucksmittel ist*. Diese einfache und scheinbar so selbstverständliche Feststellung steht mit der üblichen Praxis in jeder Weise in Widerspruch, sowohl hinsichtlich des Ausdrucks – die Beschäftigung mit Musik ist fast ausschließlich auf Reproduktion und *Eindruck* eingestellt – wie hinsichtlich seiner Allgemeinheit. Musik gilt heute nur noch als „Fach", als ein nur einem Kreis besonders „Begabter", sogenannter Musikalischer, vorbehaltenes Kunstmittel! Wir müssen aber in der Musik im selben Sinne, in gleichem Maße und mit der gleichen Selbstverständlichkeit ein allgemeines Ausdrucksmittel sehen wie etwa in der Sprache. Das setzt voraus, daß *jeder* Mensch „musikalisch" ist. Diese Annahme erscheint den meisten zunächst paradox. Sie ist es aber in Wirklichkeit nicht. Es ist auch keine Annahme, sondern eine anhand von tausendfältigen praktischen Erfahrungen bewiesene Tatsache. Für Beweis und Begründung verweise ich auf einen ausführlicheren, im wesentlichen unter pädagogischen Gesichtspunkten gegebenen, schon vor mehreren Jahren erschienenen Bericht über meine Arbeit mit sogenannten „Unmusikalischen".[1] Auf Grund von Erfahrungen an Menschen aller Altersstufen vom Kleinkind bis zum Fünfundsechzigjährigen und Angehörigen verschiedener Nationen und Rassen habe ich dort nachgewiesen, daß es – ganz seltene, schwer pathologische Fälle ausgenommen – den „Unmusikalischen" gar nicht gibt. Selbstverständlich werden wir immer Menschen antreffen, die in ihrer Ausdrucksfähigkeit mehr oder weniger gehemmt sind. Diese „Unmusikalischen" dürfen nur nicht mehr als ein besonderer Menschentyp angesehen werden und ihre Hemmungen und Störungen nicht mehr als besondere *musikalische* Probleme! Das „Unmusikalisch-Sein" oder besser -Scheinen können wir auch nicht mit einer konstitutionellen, unheilbaren Krankheit, mit deren Bestehen man sich abzufinden hat, vergleichen. Die Krankheitserscheinungen des „Unmusikalischen" verschwinden stets, sobald man – von ihrer Heilbarkeit überzeugt

1 „Grundlagen einer schöpferischen Musikerziehung", in: „Die Tat", Märzheft 1922 (Verlag Eugen Diederichs, Jena). Zum ersten Male mitgeteilt im Jahre 1918 in der Gesellschaft für neue Erziehung, München.

– den Ursprung der ihnen zugrundeliegenden psychischen Traumen erkennt und damit die Möglichkeit gewinnt, aufklärend und lösend einzugreifen. Wir dürfen uns dabei nicht durch Erscheinungen irreführen lassen, die bei weniger gründlicher Überprüfung echten physischen Störungen täuschend ähnlich sehen. Durch zweckmäßige Versuchsanordnung, zweckmäßige psychologische Einstellung des Überprüfenden und weniger unsinnige Erziehungspraktiken und Lehrverfahren als die üblichen, vor allem aber durch eine von der bisherigen abweichende musikalische Zielsetzung gelingt es jederzeit, die in jedem Menschen latente, meist nur verschüttete musikalische Ausdrucks- und Reaktionsfähigkeit zu befreien und zur Entwicklung zu bringen.

Wie der Ängstliche, Schüchterne stottert und sich verspricht, wie dem Erschreckten oft die Sprache versagt, wie der „Unsichere", der notorisch Ungeschickte überall anstößt, die Dinge am verkehrten Ende anfaßt und vieles, was er in die Hand nimmt, fallen läßt, so ist auch der „Unmusikalische" meist nur ein Schüchterner oder ein Unsichergewordener, und aus entsprechenden Ursachen haben wir uns in den meisten Fällen das Versagen der Stimme, das „Daneben-Treffen", das Nicht-unterscheiden-Können von Tonhöhen, schlechtes Melodiengedächtnis, die Ungeschicklichkeit am Instrument usw. zu erklären. All die Anzeichen von „Unfähigkeit", durch die sich ein Mensch im üblichen Sinne als „unmusikalisch" charakterisiert, sind Erscheinungen, denen gewöhnlich verhältnismäßig leicht überwindbare, meist nur durch *psychische* Störungen begründete Hemmungen zugrunde liegen. Haben wir aber erst die eigentlichen Ursachen der sich in den Reaktionen der „Unmusikalischen" zeigenden Störungen erkannt, so wird es möglich, der Entstehung von Ausdruckshemmungen in Zukunft in weitem Maße vorzubeugen.[1]

Es ist damit praktisch der Nachweis erbracht, daß der einzig mögliche und heute noch naheliegende Einwand gegenüber der Auffassung der Musik als eines allgemeinen Ausdrucksmittels nicht stichhaltig ist. Wir müssen zugeben, daß es von diesem Augenblick an oberflächlich und unzulässig ist, die Bezeichnungen „musikalisch" und „unmusikalisch" noch weiter in irgendeinem wertenden Sinne zu verwenden oder gar Schlüsse allgemeiner Art auf Grund solcher Wertung zu ziehen. Das gilt nicht nur für

1 In den Jahren seit Veröffentlichung jenes Berichtes hat die Arbeit mit abermals mehr als tausend Menschen die damaligen Erfahrungen und die daraus gezogenen Schlüsse immer wieder aufs neue bestätigt. Die zur Lösung bestehender Hemmungen nötigen praktischen Maßnahmen konnten dabei noch vereinfacht werden. Beim Bekanntwerden mit den Anschauungen der Psychoanalyse habe ich für meine Auffassung und Begründung in weitestem Maße eine wertvolle Bestätigung und Ergänzung gefunden. Die Rückführbarkeit dieser Hemmungen auf fast stets gleiche Störungsquellen trat jedesmal deutlicher in Erscheinung, und es gelang gleichzeitig, die *Arbeitstechnik der Auslösung von Funktionen und der Rückführung von scheinbaren Ausnahmen auf gesetzmäßige Zusammenhänge* auf immer weitere Bereiche der Klanggestaltung auszudehnen.

unser praktisches pädagogisches Verhalten. *Auch in allen wissenschaftlichen Untersuchungen muß man unbedingt von diesen verschwommenen Begriffen loskommen.* Hier nur ein charakteristisches Beispiel für viele, aus dem ohne weiteres deutlich wird, zu welchen Mißverständnissen und Fehlschlüssen die übliche Unklarheit führt: In einer im übrigen vorzüglichen experimentalpsychologischen Arbeit werden die musikalischen Anlagen der Versuchspersonen folgendermaßen charakterisiert: „2 haben ein sicheres absolutes Tonbewußtsein, 3 andere sind *sehr* musikalische und routinierte Sänger und Sängerinnen ohne absolutes Gehör, 3 sind *recht* musikalisch, aber im Notensingen ungeübt, 3 sind *weniger* musikalisch, und eine Vp. ist so *hervorragend* unmusikalisch, wie man es selten finden kann. . . ."[1]

Zu was für bedeutsamen Folgerungen solche Einteilung u.a. die Grundlage geben soll, zeigt der nächste Satz: „Gerade die Verschiedenartigkeit der Musikalität ist bei solchen Untersuchungen wichtig, da man schließen kann, daß eventuelle, auch für Unmusikalische geltende Konstanten das Wesentliche, dagegen die nur für Musikalische geltenden Konstanten den Luxus in der Musik bedeuten." (!) Das ist nach dem, was wir von der Entwicklungsmöglichkeit der „Unmusikalischen" wissen, ungefähr das gleiche, wie wenn der Chemiker einen Versuch mit jeweils verschiedengradig verunreinigten Grundstoffen wiederholte und nicht nur klare Aufschlüsse oder das *gleichmäßige* Gelingen der Reaktion erwartete, solange er keine gleichmäßig gereinigten Grundstoffe nimmt, — sondern noch darüber hinaus die wesentlichsten und prinzipiellen Aufschlüsse aus Reaktionen auf die am stärksten verunreinigten Grundstoffe erwartete. Es ist das gleiche, wie wenn man bei Untersuchungen über die Zeugungskraft aus den Leistungen der auch meist nur psychisch gehemmten „Impotenten" Rückschlüsse auf die Norm, aus den Leistungen der „Potenten" Rückschlüsse auf den Luxus in der Natur ziehen wollte. Das Unsinnige dieses Standpunktes wird bei der Musik nur deshalb nicht so offensichtlich, weil dort die impotent Erscheinenden durch viele zusammenwirkende, noch zu erläuternde Umstände zur Zeit in der Oberzahl, die „Potenten" in der Minderzahl sind.[2] Tatsächlich kann *jeder*, wenn er nur den Wunsch danach hat und keine schweren, physiologisch nachweisbaren Störungen vorliegen, im Bereiche des Klanges zu ähnlich ‚unmittelbaren und

1 Die Worte „sehr", „recht", „weniger", „hervorragend" sind im Original nicht kursiv gedruckt.
Die zwei Vp. mit dem „sicheren absoluten Tonbewußtsein" scheinen zunächst schärfer charakterisiert. Aber selbst der Besitz dieser Fertigkeit ist, da sie in nichts als der Möglichkeit der Beurteilung isolierter Klänge besteht, kein zuverlässiger Anhaltspunkt für das Vorhandensein besonderer musikalischer Fähigkeiten. Wir haben ja festgestellt, daß als musikalische Ausdrücke und Eindrücke nur Klangbeziehungen, Energien — d.h. in bestimmter Richtung wirkende Klangzusammenhänge — wirksam werden können, daß Einzelklänge mit Musik noch nichts zu tun haben!

selbstverständlichen Äußerungen und zu klarem Verständnis gelangen wie beim Gebrauch der Muttersprache.

Ich verweise immer wieder auf das Beispiel der Muttersprache, weil es am deutlichsten zeigt, in welchem Sinne wir unsere „Kunst"-Einstellung gegenüber der Musik revidieren müssen und wie irreführend es wirkt, wenn wir bei Fragen, die die *allgemeine Ausdrucksweise* betreffen, den Begriff „Kunst" verwenden. Wenn wir an Sprechen und Schreiben denken, denken wir doch zunächst auch nur an das allgemeine Äußerungs- und Verständigungsmittel und nicht an Literatur und Dichtung oder an dramatische Rezitation. — Während wir es aber bei der Muttersprache zunächst dem Milieu und den Anforderungen des täglichen Lebens, der Notwendigkeit einer Verständigung mit der Umwelt überlassen, für das „Erlernen" und das Zur-Verfügung-Haben des Ausdrucksmittels zu sorgen, lassen wir in der Musik unsere Kinder abrichten für das Nachplappern von Kunstschöpfungen aus einer Ausdruckswelt, deren Sprache sie weder im „Milieu" noch in den Anforderungen des täglichen Lebens kennenlernen konnten. Wollten wir, nicht einmal durch Vorsprechen, sondern nur durch Vormachen von Mundbewegungen und Zungenstellungen und durch Benennen einzelner

2 Ein Vergleich mit der sexuellen Impotenz stimmt übrigens auch hinsichtlich der praktischen Konsequenzen, die unsere Einsicht in die psychische Bedingtheit musikalischer Ausdruckshemmungen für die Entwicklung der „Unmusikalischen" haben wird. Früher meist auf unheilbare physiologische Störungen im Rückenmark oder in den Zeugungsorganen zurückgeführt, ist die Impotenz durch die Entdeckung ihrer psychischen Bedingtheit in den meisten Fällen — vor allem durch das psychoanalytische Heilverfahren — heilbar geworden. Menschen mit Gehörstörungen und Ausfallerscheinungen, die auf physiologische Veränderungen — etwa durch tuberkulöse oder luetische Einflüsse oder durch Verletzungen bedingt — zurückzuführen sind, scheiden ohne weiteres aus unserer Betrachtung aus. (Es wird wohl noch niemand auf den Gedanken gekommen sein, etwa einen Tauben auf seine Schwerhörigkeit als „unmusikalisch" anzusprechen.) Den Prozentsatz der „Heilbaren" kann man aber daher bei den im üblichen Sinne „Unmusikalischen" ruhig gleich hundert setzen. Die „Sicherungen", mit denen musikalische Ausdruckshemmungen geschützt sind, sind bei diesem relativ peripheren Gebiet — der Natur der Sache nach — viel leichter zu überwinden, als etwa die Sicherungen, die sich der Impotente bei der zentralen Bedeutung der sexuellen Potenz geschaffen hat. Ich habe den Vergleich mit einer sexuellen Störung nicht nur wegen des guten Beispiels für die „heilenden" Folgen einer neuen Einsicht gebracht. Welch unmittelbare Beziehungen z.B. zwischen stimmlichem Ausdruck und physiologischen Abläufen und Störungen in der sexuellen Sphäre bestehen, zeigt sich ganz offensichtlich beim Eintreten des Stimmwechsels in der Pubertät oder bei der bewußten Beeinflussung des Stimmcharakters des Kastraten. Es sei hier auch an die Beziehungen zwischen Frühling, Verliebtsein und allgemeiner Musizierfreudigkeit erinnert. Sogar der sogenannte Amusische — d.h. der Kunst- beziehungsweise Musik-„Feindliche" —, der vorgibt, nicht nur unberührt zu bleiben, sondern von Klängen peinlich irritiert zu werden (womit er bereits seine Reaktionsfähigkeit eingesteht!), der mit Musik nichts zu tun haben will, gehört meist mehr hierher, als es zunächst den Anschein hat. Wie sehr Protest oder betont negative Ausnahmestellung aus Selbstgefälligkeit, aus unbewußtem Versteckenwollen von Minderwertigkeitsgefühlen sich hinter einer scheinbar besonders ehrlichen — das übliche Getue nicht mitmachen wollenden — Haltung verbirgt, läßt sich fast stets rasch aufdecken. Näher auf all diese Fragen einzugehen, ist hier nicht möglich. Ich will nur auf die große Bedeutung dieser, von der Seite der musikalischen Ausdrucksfähigkeit wie der psychoanalytischen Diagnose, noch ganz unbeachtet gebliebenen, außerordentlich interessanten und aufschlußreichen Beziehungen und Erscheinungen hinweisen.

Buchstaben, kleine Kinder, bevor sie noch sagen können „Ich habe Hunger", zum Lesen oder Vorlesen eines Dramas bringen, — es wäre nicht unsinniger als das, was heute allgemein noch in der Musik-„Erziehung" geschieht! Man versucht, mit Methoden der Taubstummenerziehung Menschen, die weder taub noch stumm sind, etwas „beizubringen".[1]

Um auf Grund eines solch grotesken Verfahrens zu einem ebenso grotesken Ziel zu gelangen, bedarf es zweifellos einer ganz besonderen „Begabung". Wer auf diesem, dem — ohne Übertreibung — üblichen Weg musikalischer „Erziehung" versagt, gilt als „unmusikalisch". Wir wissen bereits, daß es keine „Unmusikalischen" von Natur aus gibt. Daß man aber mit solchen Verfahren jemanden *„unmusikalisch" machen* kann, leuchtet ein.

Versuchen wir dagegen, durch nicht bewußt werdende akustische Milieueinwirkung zu spontanen klanglichen Äußerungen anzuregen, — versuchen wir Erwachsene erst einmal, uns selber musikalisch zu äußern und damit die wichtigste Voraussetzung für das Entstehen einer Milieueinwirkung zu schaffen, — lassen wir das musikalische Kunstwerk als Ausgangspunkt und zunächst auch als Ziel aus dem Spiel, so zeigt es sich sehr bald, daß der größte Teil dessen, was zur Zeit als besondere Begabung und besondere Musikalität erscheint, sehr viel häufiger anzutreffen ist, als man allgemein glaubt. Damit werden die Grenzen und Möglichkeiten einer allgemeinen Ausdrucks- und „Aufnahme"-Fähigkeit überhaupt erst deutlich erkennbar. Damit erst gewinnen wir Anhaltspunkte für die Suche nach den ihnen zugrundeliegenden *gesetzmäßigen* Erscheinungen und Zusammenhängen. Erst wenn wir diese gefunden haben, können wir mit einiger Hoffnung auf Erfolg untersuchen, wo das „Ungewöhnliche" anfängt. So nur schaffen wir eine zuverlässige Basis für die Orientierung in dem immer enger werdenden Bereiche des wirklich Ungewöhnlichen, das wir aber vorläufig bewußt aus diesen Erörterungen fernhalten wollen.

Dem Bestreben, Sie davon zu überzeugen, daß wir es bei der Musik mit einem wirklich allgemeinen Ausdrucksmittel zu tun haben, liegt mehr zugrunde als der Wunsch, Sie zu einer von der üblichen abweichenden Auffassung zu bekehren. Sobald wir dieser Auffassung zustimmen, ergeben sich nämlich für alle musikalischen Verhältnisse eminent praktische Konsequenzen. Alle Fragen — angefangen von unserem Verhalten gegenüber dem kleinen Kinde bis zur Begründung einer Theorie und Ästhetik und zur Gestaltung unseres öffentlichen Musiklebens — erscheinen von einer anderen Seite und in einem neuen Licht. Im Rahmen dieses kurzen Berichtes kann ich nur

1 Vergleiche auch hierzu „Grundlagen einer schöpferischen Musikerziehung", a.a.O.

die Entwicklungsrichtung für einige der wichtigsten Gebiete andeuten und muß mich darauf beschränken, Sie anzuregen, selber weiterzudenken.

Beschäftigen wir uns zunächst einmal mit den äußerlichen Zeichen für das Vorhandensein oder Nichtvorhandensein einer musikalischen Kultur, — mit der Art unseres praktischen Musikbetriebs. In diesem „Betrieb" wirken sich die negativen Suggestionen der Kunsteinstellung, der Ausnahmeziele, der oberflächlichen Scheidung in „Musikalische" und „Unmusikalische", die Auffassung der Musik als Klangfolgen statt als Klangbeziehungs-Resultat („Klang-Energie"), das Nichtwissen um gesetzmäßige Abläufe am schwerwiegendsten und störendsten, zumindest am spürbarsten aus. Wir haben wohl eine *riesenhafte Musikgeschäftigkeit*, aber *keine musikalische Kultur*, — oder vielleicht nur keine mehr. Überall sind die wesentlichen Voraussetzungen eines *Ausdrucks* — schöpferische Äußerungen, spontanes Empfinden und Erfinden — fast ganz verschwunden. Unser Musikbetrieb kennt Musik nur noch als *Eindrucks*mittel. Alle übliche Musikbetätigung verläuft fast nur noch in der Richtung auf den Zuhörer — auf die Vorführung —, und diese Vorführung ist wieder nur Reproduktion von festgelegten Zusammenhängen. *Eigene* Empfindungen und Erfindungen zu Ausdruck zu gestalten, um sich mitzuteilen, erscheint als Reservat eines verschwindend kleinen Prozentsatzes der sich Äußernden: der sogenannten Komponisten. Die allererste Forderung, die an jeden Musizierenden zu stellen wäre, ist aber, daß er frei, klar und überzeugend könnte, was wir Improvisieren nennen. Das ist eine so selbstverständliche Voraussetzung für die Beziehung zu dem Ausdrucksmittel, daß diese Fähigkeit nicht mehr wie bisher, sobald wir ihr einmal begegnen, als eine besondere, seltene Gabe gewertet werden dürfte. Angesichts der bestehenden Verhältnisse erscheint diese Forderung vorläufig allerdings absurd. Man mag nur ein Kind bitten, etwas zu singen, so fragt es sicher zurück: „Welches Lied soll ich singen?" Wie charakteristisch, aber auch wie deprimierend ist diese Rückfrage! Von einer anderen Möglichkeit, als etwas „Gelerntes" ahnt es nichts mehr, obwohl es zur Zeit seiner ersten Gehversuche immer nur improvisierte. Die gute Erziehung hat über das Vergnügen an solch „ungeordnetem Zeug" gesiegt. Kommt das Kind erst in die Jahre, in denen es „vernünftig zu denken" anfängt, ist es so vollständig aller spontanen Äußerungen entwöhnt, daß es selber nur noch „richtige", „fertige" Lieder singen mag. Immerhin ist „die alte Unart" nicht so radikal auszurotten, daß Kinder nicht auch noch in späteren Jahren — etwa sobald sie unbeobachtet spielen — oft stundenlang ihre eigenen Melodien vor sich hinsummten. Aber auch manchen Erwachsenen kann man noch hie und da bei solchem Vorsichhinsummen spontan gebildeter Klangfolgen „ertappen". Gewöhnlich weiß er dann nichts davon; denn er kann sich so unbefangen nur noch äußern, wenn seine Aufmerksamkeit von etwas anderem absorbiert ist. Nur in solchen Augenblicken musiziert es noch aus ihm und in ihm; sobald er bewußt musiziert, fängt er an, Musik zu „machen", wie der Sprachgebrauch uns außerordentlich bezeichnend sagen läßt. Und wieviele Menschen können viele Stunden lang ununterbrochen und unermüdlich Musik „machen", ohne sich dabei im mindesten auszudrücken!

Beim üblichen „Musizieren" handelt es sich bestenfalls darum, durch Reproduzieren fremder Empfindungen und Erfindungen, d.h. von Musik, die ein anderer komponiert hat, sich anderen mitzuteilen. Und wie wenigen gelingt auch nur dieses! Und gelingt es ihnen, so hält man sie schon für besonders „begabt". Das, was bei den musikalischen Exerzitien der vielen Dennoch-„Musizierenden" so peinlich berührt, ist die Abwesenheit jeglicher spontanen Äußerungen. Nur ist der Rückschluß von diesem Mangel auf mangelnde Begabung falsch. Diese Menschen sind das Produkt des schon gekennzeichneten Verfahrens, leere Formeln und Techniken *beizubringen*. Die Beziehung zu den Ausdrucksmitteln und Ausdrucksweisen würde sich in *dem* Augenblick von selbst einstellen, in welchem man sich darauf beschränkte, wieder zu spontanen Äußerungen anzuregen und allein die a priori in *jedem* latente Reaktionsfähigkeit auf gesetzmäßige Energie-Wirkungen zur Auslösung und zum Bewußtwerden zu bringen.

Die vorzüglichsten Orchester, alle noch so exakt geschulten Chöre und überladene Konzertprogramme können nicht über das Fehlen elementarer Voraussetzungen einer wahren Musikkultur hinwegtäuschen.[1]

Auch die aus einer an sich gesunden Reaktion gegen Pseudokunst und „Betrieb" entspringende Zupfgeigenhansl-Bewegung mit ihren Singabenden, die Volkslied- und Volkstanz-Renaissance der Jugendbewegung ist noch nicht Teil einer wirklich *lebendigen* Kultur. Daß dort ausnahmsweise auch Ansätze zum Selbsterfinden von Melodien gemacht werden, was ich als Selbstverständlichkeit seit mehr als 10 Jahren von jedem Arbeitskreis fordere, genügt dazu noch nicht. Es fehlt das *spontane Selbst-*

1 Von diesem Standort aus gesehen, sind Erscheinungen wie die aus Amerika kommende Jazz-Musik hoffnungsvolle Regenerationsmerkmale, — mag mancher ernste Musiker auch über diese Einschätzung den Kopf schütteln. Jazz-Musik setzt voraus, daß der Spieler sich ganz von den Noten frei macht. Vor allem aber läßt sie dem einzelnen Musiker innerhalb des bestimmten musikalischen Zusammenhanges nicht nur einen breiten Raum für das Erfinden von Zwischenstimmen und Melodievarianten, sondern verlangt von ihm ausdrücklich auch die Fähigkeit, den gleichen Klangstoff zur Erzielung von oft ganz entgegengesetzten Ausdruckswirkungen zu verwenden. Ohne diesen stark improvisatorischen Charakter wäre die so auffallend lebendige und hinreißende Wirkung einer „echten" Jazzband gar nicht denkbar. Die *Freigabe* und *Unterordnung* der Stoffgestaltung bis zum scheinbar Chaotischen zugunsten des zu erzielenden Ausdrucks ist ihr entscheidendes Merkmal. Ähnliches gilt für die Wirkungen einer noch nicht verbildeten Zigeunerkapelle. Nur ist eine solche Zigeunerkapelle noch nicht verbildet — die Jazzband dagegen schon wieder freier geworden, und in diesem „wieder" liegt der Grund, warum sie als ein vorwärts weisender Faktor anzusehen ist.

Erfinden, das Aus-dem-*Eigenen*-Schöpfen als *zentraler Ausgang*. Die Jugend fühlt deutlich, wie unwahr der heutige Musikbetrieb ist, – daß es überall „nicht stimmt". Sie flüchtet sich aber in eine rückwärtsschauende Romantik, statt sich ihre eigene Ausdrucksweise zu suchen und zu schaffen. Ganz in der Kunsteinstellung und in Begabungsvorurteilen der älteren Generation befangen, konnte sie einen anderen Ausweg weder ahnen noch finden. Die Jugendbewegung brachte zweifellos alle *inneren* Voraussetzungen für eigenen Ausdruck mit: den Drang nach Lebenserfülltheit und Neugestaltung. Die notwendigen äußeren Voraussetzungen zu schaffen – mit dem Alten wirklich zu brechen, neue Inhalte und neue Formen zu finden, statt immer nur alte Musik neu zu deuten, *wiederbeleben* zu wollen –, dazu reichte weder ihre Kraft und Kühnheit noch die ihrer im Kampf gegen Genießereinstellung und Konzertsaalbetrieb so verdienstvollen musikalischen Führer. Die Aussicht auf einen vorwärts führenden Weg war durch die allgemeine Erziehung, durch die übliche Musikschulung und Musikauffassung zu gründlich verbaut. Der „dunkle Drang" allein konnte nicht hinreichen, den lähmenden Einfluß der bisher so selbstverständlichen Kunst- und Begabungseinstellung zu überwinden, wodurch allein der Weg zum wirklich spontanen allgemeinen Ausdrucksmittel hätte freigelegt werden können.
Wie kommt es, daß in der Musik Verhältnisse wie die eben beschriebenen sich überhaupt entwickeln und behaupten konnten? – Ich glaube nicht an die sentimentale und pessimistische Erklärung, daß unsere Zeit nichts Gemeinschaftsbildendes und nichts für die Allgemeinheit Bedeutsames auszudrücken hätte! Unsere Zeit hat nur etwas *anderes* auszudrücken als die Vergangenheit, als Posthornlied und Serenade im Mondschein. Dieses „andere" können wir so lange nicht erkennen, als nicht nur unsere Erwartung, sondern auch alles praktische Bemühen krampfhaft auf Altgewohntes eingestellt sind. – In Wahrheit ist unsere Zeit dabei, sich völlig neuartige klangliche Ausdrucksweisen zu schaffen, ein Vorgang, der nur denkbar ist, wenn wirklich etwas Auszudrückendes da ist! Ich bin überzeugt, daß wir jetzt in *der Musik an einem jener bedeutsamen Wendepunkte stehen*, an dem es sich nicht mehr um den Wechsel einer Stilart, um das Auftreten irgendeiner neuen Art der Stoffgestaltung, sondern um *die Erschließung neuer Klangbereiche, neuer Erzeugungsmöglichkeiten, neuer Wirkungsmöglichkeiten* handelt.[1] Wir stehen vor einer Wende, wie wir sie etwa mit dem Auftauchen der Möglichkeit der Polyphonie im zehnten Jahrhundert vergleichen können. Solch neue Bereiche können nicht erschlossen werden, wenn in einer Zeit nicht bedeutsamer Ausdrucksinhalt und Äußerungsbedürfnis latent sind. Die Resultate die-

1 Das wurde 1924 gesagt. (Die Hrsg.)

ser Wende werden wesentlich anders aussehen als Symphoniekonzerte und Opern, aber auch anders als etwa atonale oder 1/4-Ton-Kunstmusik, die im Grunde nichts anderes sind als *Stoff*varianten des Bisherigen. Was das Zeitalter des Phonographen und des Radios der Senderöhren und der ungedämpften Wellen für neue, auch akustisch eigentümliche Darstellungsmöglichkeiten enthält, wird ja nicht einmal geahnt, geschweige denn fruchtbar gemacht. Wir bauen und nutzen diese Entdeckungen und Erfindungen bisher nur für die Kopie – für eine neue Art der Reproduktion und Verbreitung des Gebräuchlichen aus.
Nicht, daß echtem Ausdruck der Inhalt fehlt, sondern, daß dem üblichen „Ausdruck" die Spontaneität und der *Ausdruck* fehlt, – daß Klanggehäuse als das Wesentliche betrachtet werden und als Gehäuse wirksam werden sollen statt als *Energie*, – das ist die Wurzel des Übels, an dem die heutige „Kultur" leidet. Die Erzeugnisse unseres Musikbetriebes haben, wie wir schon festgestellt haben, meist nichts mehr mit Ausdruck zu tun! Sie kranken an der Art ihres *Ursprungs!* Sie sind künstlich erzeugt in der Retorte des überlieferten Gehäuses einer Pseudokunst und nicht geboren als das Kind spontanen Äußerungsbedürfnisses und eines reinen Mitteilungswunsches, d.h. der Überzeugung, *allgemein* verstanden zu werden. Das „Ausgedrückte" richtet sich heute von vornherein an einen Kreis von Auserwählten. Die heutigen Verhältnisse sind nur das Produkt einer Entwicklung, wie wir sie überall und immer wieder bei alternden Sitten, Gebräuchen und Traditionen finden. Wir befinden uns augenblicklich in einem jener kritischen Stadien, wo das Alte nicht mehr lebendig und das Neue noch nicht allgemein sichtbar geworden ist. Erst dadurch, daß die klanglichen Ausdrucksformen sich immer mehr vom spontanen elementaren Ausdruck und damit aus dem Bereich *allgemeiner* Verfügbarkeit entfernten, sind die „Verfallserscheinungen" unserer Musikkultur so störend in Erscheinung getreten. Die äußeren Formen werden immer komplizierter. Damit wird die Aufmerksamkeit bei der Überlieferung immer mehr vom Äußerungsgehalt auf die äußere Form gelenkt. Mit dem Zurückdrängen der spontanen Äußerung wird die Überlieferung des Gehäuses schließlich Selbstzweck.
Damit wird es notwendig, die jüngere Generation zum Gebrauch der stofflich immer komplizierter werdenden Ausdrucksmittel *besonders anzuleiten*. Und umgekehrt: Je loser die Beziehungen zwischen Inhalt und Gehäuse werden, je weiter die Bedeutung des Gehaltes der Äußerung zurücktritt, desto mehr kompliziert sich die Gestalt des Selbstzweck gewordenen Gehäuses, desto schwerer wird es, seine Reproduktion, seine Handhabung zu „erlernen". Der ursprüngliche Sinn der zu übermittelnden Symbole und ihre Lebendigkeit gehen dabei schließlich verloren, und ihr „Erlernen" wird zu sinnlosem, mechanischem Bemühen. Diese abnehmende Ausdruckserfüllt-

heit der Formen, um deren Überlieferung man sich quält, ist, wie auf allen anderen Gebieten, auch hier der Hauptgrund für das Auftreten von Erziehungsproblematik und für das wachsende Bedürfnis nach pädagogischen Reformen und neuen Lehrmethoden. Durch das vorwiegende Interesse an der Beherrschung des Klanggehäuses ist schließlich vollständig vergessen worden, daß dieses einmal nur Gehäuse für lebendige Energien war.

Die Bemühungen um möglichst getreue Überlieferungen des Klanggehäuses zwangen zu dem Versuch, den Klangverlauf graphisch zu fixieren. Das konnte wiederum nur nach analytischer Auflösung des ganzen Verlaufes in Einzelheiten des Stoffes gelingen. Mit dem Entstehen unserer gebräuchlichen Notenschrift wird die Auflösung der wirkenden Kräfte, der lebendigen Spannungsabläufe und energetischen Situationen in einzelne, durch Notenzeichen darstellbare Teilchen zur selbstverständlichen Gewohnheit. Die Musik muß diese Behandlung mit dem Leben bezahlen; denn auch hier läßt sich Anatomie nur am Leichnam durchführen. Die einzelnen Teilchen, die Einzelklänge — zunächst nur zum Zwecke der Betrachtung und Fixierung unter allerhand Kompromissen aus einem lebendigen Energieverlauf herausabstrahiert — werden mit der Zeit mit dem musikalischen Geschehen, mit der zwischen den Klängen entstehenden Energie, die durch solche Mittel nicht darstellbar ist, verwechselt. Statt nun das Hilfsmittel der Zerlegung in Einzelklänge nur, wenn eine Äußerung festgehalten werden soll, zu verwenden, um sie, so gut es geht, mit Noten zu notieren, ist es so weit gekommen, daß diese Noten und die ihnen zugrunde liegenden theoretischen Systeme uns heute die Musik *diktieren* — uns Grundlage und Vorbild für alles Musizieren liefern. Als sichtbares Zeichen unserer hohen Musik-„Kultur" haben wir es zu großen Bibliotheken mit dicken Büchern voller Noten gebracht, aus denen Musik zu „lernen" man sich abmüht. Vom ursprünglich spontanen musikalischen Ausdruck ist schließlich nichts übrig geblieben als die Gewohnheit, sobald man musizieren will, Musik nach diesen Noten zu „machen", d.h. Noten, die irgendein anderer zusammengesetzt — komponiert — hat, meist noch ein anderer „herausgegeben" und interpretiert hat, möglichst genau nach Vorschrift zum Klingen zu bringen. Durch die Entwicklung und Verbreitung dieses Verfahrens bildet sich dann eine Kaste, die die Bewahrung und Überlieferung der Begriffe und der zu leeren Formeln gewordenen Symbole in die Hand nimmt, die weitere Komplizierung der Gehäuse berufsmäßig betreibt, den Notenhaufen hütet und vergrößert, — die die Handhabung der Instrumente lehrt, mit deren Hilfe man „Noten zum Klingen bringen kann", und die alles tut, den Nimbus zu verbreiten und aufrecht zu erhalten, daß sie etwas „Besonderes", etwas nur „Auserwählten", „Begabten" Zugängliches hege und pflege.

So entsteht das „Fach" und die „Zunft". Und so wird auch in der Musik der Laie erst durch die Anmaßung der Zunft zum Laien. Man traut ihm höchstens noch die Fähigkeit der Reproduktion von Gehäusen zu, die der „Fachmann" gebaut hat. So hat man das Publikum daran gewöhnt, eine passive, rein rezeptive Haltung einzunehmen. So ist es eine selbstverständliche Gewohnheit geworden, bei Musik an ein spezielles Fachgebiet und an eine nur dem Professional zugängliche Kunst zu denken. Der „Gebildete" meint nur noch den Apparat unseres Musikbetriebs: Konzerte, Sänger, Orchester, Dirigenten, Symphonien und Opern – kurz: Kunst, Künstler und Kunstwerke –, wenn von Musik die Rede ist.

Und diese Haltung und Einstellung mußten, je mehr sie zur Selbstverständlichkeit wurden, nun ihrerseits wieder der zünftigen *Musikpädagogik* Zweck und Ziel weisen. Ganz folgerichtig wurde es deren wichtigste Aufgabe, die junge Generation für diesen Musikbetrieb so tauglich wie möglich zu machen, Stimmen auszubilden, Instrumentaltechniken beizubringen, nebst den dazu gehörigen musiktheoretischen Handwerksregeln. Wenn es hochkommt – und dann auch nur aus der Empfindung, daß es so wie bisher nicht weitergehen könne –, wird noch die Meßfähigkeit des Ohres, um es für die Zerlegung des Klangzusammenhangs tüchtiger zu machen, durch sogenannte Gehörbildung trainiert oder gar die Erfindungskraft durch Improvisationsmethoden auf der Grundlage einer noch zu kennzeichnenden Musiktheorie reglementiert. Wir dürfen uns nicht darüber täuschen, daß die zahlreichen bestehenden Reformbestrebungen und -methoden im Grunde nur darauf hinausgehen, das *bisherige* pädagogische Ziel – den Anschluß an den Musikbetrieb in *seiner derzeitigen Gestalt* – auf eine leichtere oder anregendere und sicherere Weise zu erreichen als bisher. Immer noch wirkt sich in diesen Reformversuchen die Suggestion der uns in Fleisch und Blut sitzenden „Kunst"-Einstellung aus, das Vorherrschen der Reproduktion und das Supremat des toten Stoffes. Man weiß nicht oder vergißt, daß das, was man sich durch Üben, Trainieren, Reglementieren, Automatisieren beizubringen abmüht, gar nicht beigebracht werden muß und kann, weil es in jedem latent ruht und nur durch Auslösung gesetzmäßiger Funktionen – hier und im folgenden nicht in musiktheoretischem Sinne! – ins Bewußtsein gebracht – *herausgeholt* – zu werden braucht. Das ist jederzeit möglich, sobald wir statt Klangkombinationen und Klangreihen *Klangenergien* und *Zielempfinden* sich auswirken lassen. Diese Funktionen und die ihnen zugrunde liegenden *gesetzmäßigen Zusammenhänge* können zum großen Teil erst bei einer von der derzeitigen abweichenden Einstellung zur Musik und zum Musizieren und bei einer ebenso abweichenden, später noch zu beschreibenden „Zu"-Hörereinstellung deutlich werden. Haben wir diese Einstellung gewonnen, so ist die

Forderung, solche Funktionen für den ganzen Bereich der Klanggestaltungen und der Klangbeziehungen zu entdecken, zu sammeln und für die Schaffung von Erfahrungsgelegenheiten zu ordnen, nur eine selbstverständliche praktische Konsequenz. Hierin berühren sich Forderungen für die praktische Pädagogik mit dem, was noch über den Grundriß einer wahren Musiktheorie zu sagen sein wird.
Die Erkenntnis gesetzmäßiger Zusammenhänge wirkt sich nicht nur in der Gewinnung neuer theoretischer, psychologischer und ästhetischer Einstellungen und Einsichten und in der Rückführung unzähliger bisher nur als „Ausnahmen" auffaßbarer Erscheinungen auf ihre gesetzmäßige Basis aus. Schon jetzt, wo nur erst der Anfang dieses Weges beschritten ist, beweisen die praktischen Erfolge, die sich mit der Auslösung latenter Funktionen und dem Appell an sachliche, gesetzmäßige Beziehungen einstellen, täglich aufs neue die Richtigkeit eines solchen Vorgehens. Diese praktischen Folgen größerer Klarheit über Wesen und Wirkung von Klangzusammenhängen können nicht überraschen. Befanden wir uns doch bisher bei der Musik auf dem ureigentlichen Gebiet aller Gefühlsschwelgerei und des In-Stimmung-sein-Müssens als Voraussetzung von Leistungen und überzeugenden Wirkungen. Gerade hier versuchte man — im sicheren Schutz des Respektes vor der Heiligkeit der Kunst — von jeher mangelnde Klarheit in einer Weise in ein Plus umzuwerten, wie man das nirgends sonst gewagt hätte. Die Abhängigkeit von Stimmung und „Gefühl" ist nichts anderes als das Eingeständnis mangelnder Klarheit über das, was man zu äußern beabsichtigt. Die Einsicht in gesetzmäßige Abläufe und Funktionen, die Klarheit über die Zielrichtung, in der die Energien jeweils wirksam werden, ergibt die Möglichkeit, sich jederzeit klar und deutlich äußern zu können und auch in der Reproduktion stets *die* überzeugende Wirkung auszuüben, die wir bisher nur von dem „besonders Begabten" und von diesem auch nur, wenn er in „Stimmung" ist, zu erwarten uns für berechtigt hielten. Auch bisher für unbegabt und unmusikalisch gehaltene Menschen können so in unverhältnismäßig kurzer Zeit einen unmittelbaren Zugang zur Musik gewinnen. Die Möglichkeit, sich spontan durch selbst gefundene Klangzusammenhänge zu äußern, kann ebenso zur Selbstverständlichkeit werden, wie es selbstverständlich ist, daß Reproduziertes nur noch als lebendiger, überzeugender Ausdruck Gestalt gewinnen darf. Es verschwindet das leblose Aneinanderreihen mühsam entzifferter Takte und Phrasen; denn allein schon das Empfinden der *Ziel*richtung, in der die in einem musikalischen Zusammenhang entstehende *Energie* wirksam wird, sichert eine lebendige, überzeugende Äußerung.
Daß solche Resultate von der heutigen Unterrichtspraxis — auch wenn wir nur an eine Musik im Rahmen des Herkömmlichen denken (oder vielleicht gerade deswegen) —

nicht erreicht werden können, ist nach dem Gesagten nicht verwunderlich. Sie hat andere Ziele als die *Entwicklung der Ausdrucksfähigkeit im Sinne eines musikalischen Sprechvermögens*.

Die heutige Musikschulung ist jedoch nicht allein für das geringe Niveau unserer musikalischen Verhältnisse verantwortlich zu machen. Die meisten Menschen bringen bereits allerlei Störungen und Verbiegungen mit, wenn ein systematischer Musikunterricht einsetzt. Diese Störungen sind meist lange vor dem Beginn einer bewußten pädagogischen oder pseudo-pädagogischen Einwirkung verursacht worden: Die Unterbindung der Gelegenheiten zu spontanen, selbständigen Äußerungen – und nicht nur musikalischen – beginnt bereits in der Kinderstube! Daß es dort ein in unserem Sinne wirkendes musikalisches Milieu nicht gibt, haben wir bereits festgestellt. Die allgemeine Einengung der Ausdrucksfreiheit in der frühen Kindheit, die Verschüchterung und Unterdrückung des Ausdrucksbedürfnisses bis zum Verstummen sind in der Musik oft in noch höherem Maße als auf anderen Ausdrucksgebieten der Hauptgrund für die Erziehungsnöte, mit denen man sich dann später quälen muß. Wir treffen hier auf die verhängnisvollen Folgen der Gesamthaltung einer Gesellschaft, die in ihrem „Erziehungsideal" den gehemmten Menschen als Typus geradezu züchtet. Was nennen wir denn „guterzogen"? Glatte, ruhige „Manieren", gedämpftes, leidenschaftsloses Sprechen, maßvolle Bewegungen, Verbergen aller spontanen Empfindungen, – kurz: Unterdrückung oder zumindest möglichst vollkommenes Verbergen und Verwischen aller Zeichen spontanen Ausdrucks. Brauchen wir uns noch zu wundern, wenn unsere Erziehung eine so problematische Sache ist? Sie soll gleichzeitig unterdrücken, was sie eigentlich entwickeln möchte. Vergleichen wir damit die Gelöstheit und Spontaneität der meisten slawischen Völker, des Südländers, der Orientalen, so wird eine der wesentlichen Ursachen deutlich, warum der „Unmusikalische" dort kein Problem ist, das ganze Volk „musikalisch" ist und warum man dort oft auf der Straße „musikalischer" musizieren hört als bei uns im Konzertsaal.

Allerlei Gedankenlosigkeiten in der Kinderstube wie gereiztes Verbieten des Singens, weil es den Erwachsenen gerade stört, ungeschicktes Vormachen, zu frühzeitiges Beibringenwollen von Liedchen, Unterbrechen und „Verbessern" am falschen Ort, wirken in derselben Richtung. *Jeder Fall von zu frühzeitig oder von falsch gelenkter Aufmerksamkeit kann Ursache für erst in späteren Jahren sich bemerkbar machende Hemmungen werden.* Solche Ungeschicklichkeiten und Gedankenlosigkeiten der Erzieher wirken sich beim Sprechen- und Laufenlernen natürlich auch hemmend aus. Bei der klanglichen Äußerungsfähigkeit treten sie als Störung nur deshalb nachhaltiger und stärker hervor, weil hier die ausgleichenden Forderungen des täglichen Lebens fehlen. Das Einmal-doch-sich-verständigen-*Müssen*, das Laufen-können-*Müssen* führen mehr oder weniger zwingend zur Überwindung bestehender Störungen. Wohl sind für die Störungen der klanglichen Äußerungsfähigkeit kaum andere psychische Traumen wirksam, als sie auch auf allen anderen Gebieten zur Verstärkung von Minderwertigkeitsgefühlen und Ausdruckshemmungen führen; aber es fehlt dabei in viel höherem Maße der Ausgleich durch den Zwang der Lebensnot. Fast stets sind in solchen Fällen Einschüchterungsversuche und Entmutigungserlebnisse aus der frühen Kindheit nachweisbar: Erlebnisse, die dem Betroffenen entweder überhaupt nie bewußt geworden sind oder auch nur gründlich „vergessen" waren. Allein ein Erinnern daran hat oft die Hemmungen gelöst. Sicher tritt der Erfolg ein, wenn es gelingt, sei es durch Überrumpelung, sei es durch überzeugende, logisch begründete Experimente, die Konstatierung des Vorhandenseins einer natürlichen *allgemeinen* Anlage zu bekräftigen und die negative, durch die übliche Auffassung von den Unmusikalischen geschaffene Suggestion durch das Erlebnis der positiven Erfahrung aufzulösen. Oft genügt schon das Spürbarwerden unseres Vertrauens auf das tatsächliche Vorhandensein seiner Ausdrucksfähigkeit, um dem bis dahin „Unmusikalischen" die nötige Ermutigung zu bringen, die er für den erfolgreichen Versuch einer Äußerung braucht. Das in kurzer Zeit zu gewinnende Verständnis solcher Zusammenhänge und das dadurch mögliche Vermeiden *leicht vermeidbarer Fehler in unserem Verhalten gegenüber kleinen Kindern* werden sich fruchtbarer auswirken als jahrelang studierte und geübte neue Reform-Unterrichtsmethoden. Je mehr es gelingt, schon in der frühesten Kindheit die Entstehung solcher Verstörungen zu verhindern und allmählich auch eine Elterngeneration heranzubilden, die sich wieder spontan zu äußern vermag und damit zur Produktivität anregende Milieueinwirkungen schafft, desto selbstverständlicher wird es jedem erscheinen, daß jeder Mensch die funktionellen Voraussetzungen für den musikalischen Ausdruck in sich trägt, — in um so veränderten Formen wird sich eine spezielle musikalische Anleitung abspielen, um so weiter kann der Zeitpunkt ihres Beginns hinausgeschoben werden.

Wir müssen uns dabei in keiner Weise nur auf Vorbeugungsmaßnahmen beschränken und eine Änderung der Verhältnisse nicht erst von der zukünftigen Generation erwarten! Um schon lange bestehende Verstörungen beim Erwachsenen zu überwinden, bedarf es natürlich auch aktiver Maßnahmen und für schwere Fälle einer größeren psychologischen und musikalischen Erfahrung. Aber eine Lösung ist in jedem Fall erreichbar, sobald der „Unmusikalische" nur selber den Wunsch hat. Hierbei spielt auch das Alter keine Rolle. Die musikalischen Funktionen, die Fähigkeit zum Reagieren auf Klangzusammenhänge, auf energetische Situationen oder auf Energiewirkungen, die es zur Auslösung zu bringen gilt, sind latent vorhanden, gleichgültig, ob wir es mit einem Zehn- oder einem Siebzigjährigen zu tun haben. Sie können bei jedem jederzeit zur Auslösung gebracht werden. Selbstverständlich bedeutet plötzlich gewonnenes Vertrauen zur eigenen Ausdrucksfähigkeit nicht sofortige Freiheit und Sicherheit im Gebrauch des Ausdrucksmittels, — so wenig wie ein Mensch, der viele Jahre „gelähmt" im Bett zugebracht hat, in dem Augenblick, in dem er weiß, daß er gar nicht gelähmt ist, gleich laufen kann. Bei den meisten durch die Lernschule gegangenen Erwachsenen ist die hierzu nötige Reaktionsfähigkeit durch das gewohnheitsmäßig zu frühzeitige Einsetzen der intellektuellen Reflexion, die das Zustandekommen lebendiger Vorstellungen und produktiver Äußerungen verhindert, zunächst noch gestört. Hier muß vor allem die Entwicklung intensiver Klangempfindungen angestrebt werden und jene Disziplin, bei der es selbstverständlich wird, keine Äußerung zu versuchen, der nicht eine lebendige Vorstellung *voraus*gegangen wäre. In blassen, mangelhaften Vorstellungen ist fast stets der Grund für das teilweise Mißlingen von Äußerungsversuchen zu suchen. *Jeder wirklich klaren Vorstellung folgt der Bewegungsablauf der nötig ist, um das Vorgestellte selbstverständlich und ungestört zu äußern.* Je klarer, je lebendiger die Vorstellung, desto ungehemmter der Ablauf der für die Äußerung nötigen physischen Funktionen. Die Schaffung klarer Vorstellungen wirkt nicht nur störungsvermeidend, sondern auch hemmungsüberwindend. Die ursprüngliche Vorstellungs- und Reaktionsfähigkeit ist verhältnismäßig leicht wieder verfügbar. Es ist hier nicht der Ort, auf Einzelheiten des hierzu nötigen praktischen Verhaltens einzugehen.[1]

Größere Schwierigkeiten ergeben sich nur bei der Arbeit mit typischen Neurotikern, die, sobald man ihnen etwa durch Überrumpelung in einer bestimmten Situation bewiesen hat, daß die Störung unwirksam geworden ist, bei der nächsten Gelegenheit in einer ähnlichen Situation eine Ersatzstörung präsentieren. Das Verhalten solcher Gestörter beweist meist, daß sie im Grunde aus ihrem negativen Ausnahmezustand gar nicht heraus wollen. In solchen Fällen würde es sich empfehlen, eine psychoanalytische Aufklärung einer allgemein-psychologischen und musikpädagogischen Einwirkung vorausgehen zu lassen. Im übrigen sind es gerade schwierige Fälle, die die wertvollsten Einsichten gebracht haben. So wie jeder neue Erfolg die einmal gewonnene Überzeugung, daß es von „Natur aus" Unmusikalische nicht geben könne, verstärkte, so wurde diese Überzeugung für mich wieder Anlaß, in jedem neuen schwierigen Fall, auch wenn er zunächst noch aussichtslos erschien, Mittel und Wege für die Freilegung der ursprünglichen Äußerungs- und „Aufnahme"-Fähigkeit zu finden. Aus der Überzeu-

1 Vgl. auch hierzu „Grundlagen einer schöpferischen Musikerziehung", a.a.O.

gung, daß es keinerlei „zufällige" Aktionen oder Reaktionen gibt, mußte die Suche nach dem Grunde scheinbar zufälligen Versagens immer neue Einsichten in die Vorgänge bei dem sich Äußernden und „Aufnehmenden" bringen und gleichzeitig – ohne diese Veranlassung nie zu gewinnende – Aufschlüsse über das Wesen musikalischer Abläufe geben. Ihre stets wiederkehrenden grundsätzlichen Gleichartigkeiten traten aus den so vielfältig verschiedenen Einzelsituationen doppelt überzeugend hervor. *Wie wir vom Vonhandensein irgendwelcher Funktionen oft erst etwas merken, wenn ihr normaler Ablauf gestört wird, so hat die Beschäftigung mit den Störungen, an denen die Äußerungshemmungen bemerkbar wurden, erst die Aufmerksamkeit auf das Vorhandensein von Funktionen gelenkt, die beim Erleben des ungestörten Ablaufs beim „Musikalischen" bisher weder aufgefallen noch bewußt geworden waren.* Fast jedes neue Versagen und jede neue Art von Störung, mit der es sich bei der praktischen Arbeit auseinanderzusetzen galt, machte auf solche, ihrer Selbstverständlichkeit wegen bisher nicht bemerkte, Vorgänge und Funktionsmöglichkeiten aufmerksam. Es zeigte sich immer deutlicher, daß alles musikalische Geschehen sich auf wenige – auch im kompliziertesten Stoff wirksame und von der jeweiligen Stoffart unabhängige – *gesetzmäßige Energiewirkungen und Funktionen* zurückführen läßt. Ebenso zeigte sich, daß jeder Mensch a priori vorhandene, nicht zu erlernende und deshalb *unverlierbare Orientierungsmöglichkeiten* für musikalische Klang-, Raum- und Zeitverhältnisse besitzt und daß auf dieser Grundlage auch die komplizierteren Ausdrucksformen und Klanggestaltungen in den Bereich des allgemeinen Ausdrucks einbezogen werden können. Alle diese *latenten* Funktionen sind, nachdem wir von ihnen wissen, *durch bestimmte Fragestellungen* und *Anordnung der Erfahrungsgelegenheiten* jederzeit und mit eindeutiger Klarheit in jedem Menschen nachweisbar und *auslösbar.*

Nach dem bisher Gesagten ist es verständlich, warum in der musikalischen Praxis diese Zusammenhänge nicht schon längst gefunden wurden. Die übliche geistige Einstellung des größten Teils unserer Musiker war ein weiteres Hindernis. Gerade der „begabte" und intelligente Musiker hat es meist für unter seiner Würde gehalten, sich überhaupt mit sogenannten Elementarproblemen zu befassen (ganz ähnlich wie in der Schule der *Oberlehrer es lange für unter seiner Würde gehalten hat, sich mit Problemen des kleinen Kindes abzugeben* und mit einer Tätigkeit, die, wie er meinte, Sache des „Elementar"-Lehrers ist). Dazu kommt, daß die wenigen wirklich produzierenden Musiker, die „Komponisten", sich viel mehr vom Unterrichten zurückgehalten haben als etwa die meist ganz auf Reproduktion eingestellten Instrumentalisten. Im übrigen wies es der Musiker, sobald er es sich nur wirtschaftlich leisten konnte, weit von sich, sich mit „Unmusikalischen", also für die übliche Auffassung „Unbegabten", abzugeben.

Dadurch hat er sich einen Bereich interessantester Erfahrungsmöglichkeiten selbst verschlossen. Außerdem hat sich leider gerade der Musiker, für den Musik noch eine Angelegenheit des Ausdrucks war, also der Künstler im guten Sinne, fast immer mit einer gewissen Überheblichkeit von der Beschäftigung mit „trockenen" wissenschaftlichen Dingen ferngehalten. Weit außerhalb des Umkreises seines Denkens lagen aber Erwägungen wie die, daß seiner *„künstlerischen" Arbeit Gesetzmäßigkeiten allgemeiner Art* zugrunde liegen könnten oder gar, daß solche Gesetzmäßigkeiten in jedem „Nicht"-Künstler auch zur Auslösung gebracht werden könnten.
Der Wissenschaftler wieder wußte wohl sehr viel vom Stoff, vom Gehäuse, interessierte sich auch für elementare Probleme, besaß aber nicht den souveränen Zugang zu allen musikalischen Ausdrucksarten und -formen, der für viele Versuchsanordnungen oder für die Entdeckung eines Auswegs in einer komplizierten Situation Voraussetzung ist. Zudem arbeitete er bisher unter dem ganzen Komplex von Vorurteilen und Auffassungen, den wir inzwischen kritisch beleuchtet haben. Für den größten Teil seiner Problemstellungen war er auf eine Musiktheorie angewiesen, die keine ist, und, wie wir noch sehen werden, geeignet ist, den Blick gerade vom Wesentlichen abzulenken. Aus all diesen Gründen hat man sich in der Psychologie viel zu leicht und zu früh bei Versagern mit der Feststellung von Ausnahmen, von „Begabungs"-Unterschieden und individuellem Unvermögen zufrieden gegeben. Man hat Regelmäßigkeiten in einer Richtung gesucht, in der sie nicht gefunden werden konnten. Auch für sie ergeben sich aus der Auffassung der Musik als allgemeinem Ausdrucksmittel wie aus der Auffassung, *daß nicht die Klänge selber, sondern erst die Klangbeziehungsresultate* Musik sind, bedeutsame praktische Konsequenzen sowohl hinsichtlich der Fragestellungen wie hinsichtlich der Arbeitsmethode. Wenn sich bei der Arbeit überhaupt keine Erklärung für Versagen oder Fehlreaktion finden läßt, so täte man besser, erst einmal nach der Begabung und Mentalität des Lehrers, nach der Eignung' und Vorurteilsfreiheit des Untersuchenden zu fragen und zu kontrollieren, ob Fragestellung und Versuchsanordnung auch *eindeutig* waren, anstatt immer gleich die Veranlagung der Versuchsperson oder des Schülers in Zweifel zu ziehen oder sich mit der Konstatierung von Ausnahmen zu begnügen.
So einfach und selbstverständlich sich alle weiteren Konsequenzen aus der folgerichtigen Durchführung meiner Grundauffassung ergeben müssen, so schwer ist es – auch wenn alles bisher Gesagte noch so sehr einleuchtete –, die praktischen Auswirkungen dieser Auffassung in ihrem vollen Umfang zu übersehen und zu eindeutigen Fragestellungen und zuverlässigen Arbeitsmethoden zu kommen. Die hierzu nötige Unbefangenheit ist durch die allgemein übliche und gegenüber der Musik noch

mehr als gegenüber den anderen „Künsten" anerzogene romantische und sentimentale „Gefühls"-Einstellung zu sehr gestört. Fast noch hemmender wirken die Folgen der Gewöhnung an ein analytisches *Zu*hören, – an ein Zerlegenwollen des Klanggehäuses in der Meinung, durch sogenanntes Musik-„Verständnis" (d.h. durch Wissen um die Stoffgestalt) der Musik näher zu kommen. Wir sind von klein auf gewöhnt, die Klänge selbst zum Objekt einer messenden Aufmerksamkeit zu machen, uns auf das Klanggehäuse einzustellen anstatt auf musikalische Energien. Es bedarf daher bewußter Erfahrungen, bis es wieder gelingt, auf Klangbeziehungsresultate nur noch gelassen zu *reagieren*. Wir müssen die Wirkung eines solch gelassenen Verhaltens erst einmal empfunden haben (was durch ein paar Klangbeispiele immer leicht zu erreichen ist), um ganz zu verstehen, was es für das Gewinnen weiterer Aufschlüsse und für die noch schärfere Umreißung unserer Musikauffassung bedeutet. Es erweist sich nämlich dann, daß die zu Beginn verabredete Begrenzung dessen, was wir unter Musik verstehen wollen, für ein eindeutiges Erkennen der Probleme noch nicht eng genug ist; daß der Anteil, den die „Aktivität" des sich Äußernden wie des „Aufnehmenden" am Wirksamwerden von Klangbeziehungen hat, noch einbezogen und ausschaltbar werden muß.
Mit dem Erkennen der Tatsache, daß Musik ein *allgemeines* Ausdrucksmittel ist, ist es möglich geworden, sich auf einer breiteren Basis, als sie das „Kunst"-Produkt und die Ausnahmeleistung bieten, zu orientieren. Durch die Auffassung der Musik als Klangbeziehungs-*Resultat* werden die überall vorhandenen Funktionen über die individuelle Gestalt des Klanggehäuses gesetzt. Das bringt einen großen Schritt weiter in dem Bemühen, Gesetzmäßigkeiten und Regelmäßigkeiten auseinanderzuhalten. Um zu wirklich eindeutigen Fragestellungen und Resultaten zu kommen, um klare Voraussetzungen für die scharfe Abgrenzung der Phänomene, für die Aussonderung alles Subjektiven schaffen zu können, müssen wir noch einen Schritt weitergehen. Wir müssen klären, daß wir es bei der Musik als Ausdrucksmittel, auch wenn sie auf reine Klangbeziehungen und Klangwirkungen beschränkt bleibt, bereits mit *angewandter* Musik zu tun haben. Zuverlässig orientieren können wir uns beim Suchen von Gesetzmäßigkeiten, beim Unterscheiden zwischen Notwendigkeiten und Möglichkeiten einzig und allein an der Vorstellung einer im strengen Sinne „absoluten" Musik. Hier wird dieser Begriff in einem von der gebräuchlichen Auffassung abweichenden, dem Worte „absolut" mehr entsprechenden engeren Sinne gebraucht. *Absolute Musik* ist für mich eine Musik, bei der auch noch der „Ausdruck" – das Resultat der wählenden Aktivität des Musizierenden – ausgeschaltet bleibt. Wir müssen also klar unterscheiden zwischen einer *Musik ohne Ausdruck*, der akustischen Darstellung gesetzmäßiger Ab-

läufe, und der Verwendung dieser Musik als Ausdrucksmittel, dem Resultat willkürlich wählenden Abweichens von diesen Gesetzmäßigkeiten. Diese „Musik ohne Ausdruck" können wir in ihrer völligen Reinheit vorläufig nur *denken*, die Art ihrer Wirkung zunächst nur ahnen. Aber bereits das Wissen um die Tatsache ihrer Existenz genügt, um gewisse Fehler in der Fragestellung bei der Untersuchung der uns in der Praxis zunächst allein zur Verfügung stehenden Ausdrucksmusik zu vermeiden. Nur so läßt sich das Verwischen der Grenzen zwischen Prinzipiellem und dem durch Ausdrucksabsicht hineingetragenen Akzidentellen vermeiden. Nur so finden wir zuverlässige Kriterien und zuverlässige Ansatzmöglichkeiten, von denen aus wir sowohl innerhalb der Klangbeziehungen als auch bei den sich äußernden und „aufnehmenden" Menschen die überall latenten und a priori vorhandenen Funktionen und Gesetze zum Erscheinen und zur Auswirkung bringen können. Wir *müssen* uns eine solche absolute Musik vorstellen; denn in der für alle Erfahrung, Feststellung und Beurteilung bisher allein zur Verfügung stehenden angewandten Musik wirken sich stets Elemente aus sehr verschiedenen, nur auf diese Weise klar zu trennenden Regionen aus. Nur so können wir die primären Gesetzmäßigkeiten der musikalischen Energien, die sekundären Gegebenheiten der Klangstruktur und der Struktur des Klanggehäuses deutlich unterscheiden von den subjektiven Momenten, die durch den Menschen hineingetragen werden, der diese Energien, unter Möglichkeiten wählend (nicht „willkürlich"), in dem für seine Ausdrucksabsicht gestalteten Klanggehäuse verwendet.
Daß wir uns absolute Musik vorläufig nur vorstellen und „denken" können (was aber für die Orientierung schon genügt), liegt daran, daß sich mit unseren gebräuchlichen Instrumenten wie mit den gebräuchlichen Stimmungsarten und Tonarten eine Musik, frei von aller subjektiven Gefühlsbetonung und Ausdrucksabsicht und frei von allem Zufälligen und Unkontrollierbaren beim Hörbarmachen, noch nicht darstellen läßt.[1]
Nur in vollem Bewußtsein dessen, was die in der Praxis bisher allein zur Verfügung stehende Ausdrucksmusik von einer absoluten Musik unterscheidet, dürfen wir sie einer Untersuchung zugrunde legen, die Aufschlüsse über gesetzmäßige Phäno-

1 Apparate, die möglichst obertonfreie Klänge liefern, gruppiert zu Instrumenten, auf denen wir dann Klänge durch frei von uns gewählte Kombination von Partialtönen, ihrer Konsistenz nach genau kontrollierbar, erzeugen können, gibt es meines Wissens noch nicht. Sie erst könnten es ermöglichen, den in den üblichen Klangfarben vorhandenen, stark subjektiven und an sich klangfremden Anteil des „Erzeugungsgeräusches" auszuschalten. An diesen Anteil von Geräusch in den Klangfarben beziehungsweise im Klang sind wir so gewöhnt, daß wir ihn nicht nur für eine untrennbare, zum Wesen der Klänge gehörende Eigentümlichkeit halten, sondern ihn sogar als ein charakterisierendes Plus der Klänge hinzunehmen gelernt haben! Erst mit Apparaten, durch die auch der letzte Rest unkontrollierbarer subjektiver Einflüsse ausgeschaltet werden kann, ist absolute Musik auch darstellbar. Erst von solcher Darstellung könnten wir klare Aufschlüsse über gesetzmäßige Beziehungen auch innerhalb der Klangstruktur, also innerhalb der Struktur des „Stoffes", erwarten.

mene bringen soll. Sich nur am „absoluten" Vorbild zu orientieren, ist eine Forderung, die als unumgängliche Voraussetzung jeder Möglichkeit, zu klaren Einsichten und zu festen Grundlagen zu kommen, auch für alle anderen Ausdrucksgebiete gestellt werden müßte. Das, was an den absoluten Vorbildern jeweils praktisch noch nicht darstellbar ist, bezieht sich ja nur auf ihr *Sekundäres* – auf den Stoff! Alles Wesentliche und für die Orientierung Wichtige ist dagegen jederzeit deutlich feststellbar, weil ihm – jederzeit auslösbare – in *jedem* Menschen latente Funktionen entsprechen. Was als subjektiver Ausdruck und Eindruck – in unserem Falle also als angewandte Musik – wirksam wird, ist nur die Folge von wählendem (ganz gleich, ob bewußtem oder unbewußtem), aktivem Abweichen von dem gesetzmäßigen Verlauf bei der Verwendung beziehungsweise Auslösung latenter Funktionen. Durch ein später noch zu präzisierendes, grundsätzlich verändertes Hör-Verhalten gelingt es mit Sicherheit, das Vorhandensein wie den Grad der Auswirkung von „Passivität" oder „Aktivität" in der Gestaltung eines Zusammenhangs nachzuweisen. Wir können uns also in jedem musikalischen Verlauf durch die Frage nach dem Wirksamsein einer dieser beiden grundsätzlich verschiedenen Entstehungsarten und Entstehungsmöglichkeiten bewußt und klar orientieren. Auf diese Weise gelingt eine jederzeit nachprüfbare Unterscheidung zwischen gesetzmäßigen, *notwendigen* Funktionen und Abläufen innerhalb von Klangbeziehungen und davon abweichenden, allein durch die Existenz der latenten, gesetzmäßigen Funktionen empfindbaren und vorstellbaren *Möglichkeiten*. Die Auswahl und Verwendung dieser Möglichkeiten ist die Ursache aller subjektiven Verschiedenheiten, aller Überraschungs- oder Enttäuschungswirkungen.[1]

Alle möglichen Erscheinungsformen von Klangbeziehungsresultaten werden damit auf wenige gesetzmäßige Grundfunktionen zurückführbar: *auf das „Bild" unserer „absoluten Musik"*. Bei den für die angewandte Musik und für den subjektiven Ausdruck zur Wahl stehenden Möglichkeiten sind wieder jene beiden grundsätzlich verschiedenen Arten von „Möglichkeiten" scharf auseinanderzuhalten, die sich aus der Trennung von Klanggehäuse (Stoff) und Klangbeziehungsresultaten (Energie), d.h. von dem, was Musik ist, ergeben. Wir dürfen also *Energieverwendungs- und Energiewirkungs*möglichkeiten niemals mit *Klangkombinations- und Klangerzeugungs*möglichkeiten ver-

1 Wir werden später noch Gelegenheit haben, von einer anderen Seite her näher hierauf einzugehen, wenn wir auf die Einstellung und Verhaltensänderung des Hörers, die notwendig sind, um diese Unterschiede überhaupt erkennen zu können, zu sprechen kommen. Vielleicht wird dann deutlicher, was hier gemeint ist. Zur vollen Klarheit bleibt das selbsttätige Erarbeiten durch das Klangerlebnis unentbehrlich. Im Druck etwa Notenbeispiele zu geben, wäre wertlos, weil es entscheidend auf die *Art der Verlebendigung* der betreffenden Klangzusammenhänge ankommt. Hier kann nur das Phonogram nützen. Hoffentlich können wir derartigen Erörterungen bald mit der gleichen Selbstverständlichkeit Phonogram-„Abdrücke" beigeben, wie wir heute einem Text die Reproduktion eines Bildes beifügen.

wechseln! Erst im Sekundären der unendlich vielen Möglichkeiten der *Stoffgestaltung* sind die stilistischen oder kulturkreismäßigen Verschiedenheiten der Klanggehäuse der verschiedenen Musikarten begründet. Die anderen, im Wesen der Musik enthaltenen, durch die aktive Zielsetzung, Lenkung und Verwendung von Klangenergien bedingten Funktions-und Wirkungsmöglichkeiten aber bilden zusammen mit den ihnen zugrundeliegenden Gesetzmäßigkeiten die Grundlage *jeder* Klangbeziehung und *jeder* Energiewirkung, gleichgültig in welcher Epoche oder in welchem Kulturkreis, in welchem Stoff sie manifest werden. Nur eine von den hier angedeuteten Standorten aus durchgeführte Untersuchung, Unterscheidung und Sammlung musikalischer Phänomene kann zu einer wirklichen *Theorie der Musik* führen. Mit der Benennung von Klängen und Zusammenklängen (die, um benennbar zu werden, erst unter allerlei Kompromissen aus einem zielgerichteten Spannungsverlauf abstrahiert werden) und mit deren Einordnung in ein — nicht etwa klangenergetischen, sondern begriffslogischen Anforderungen genügen sollendes — „System" kann man nicht die Grundlage für eine Musiktheorie schaffen. Diese müßte eine Sammlung von Gesetzen sein, die als solche nicht in jeder Stilepoche und für jeden Kulturkreis anders sein können: eine Schilderung von überall auslösbaren gesetzmäßigen Funktionen, Spannungsvorgängen, Arten von Energieabläufen und der infolge des Latenzzustandes dieser Funktionen empfindbar werdenden Abweichungsmöglichkeiten. Untersuchen wir Musik von diesem Standort aus, so wird deutlich, daß es keinen grundsätzlichen Unterschied zwischen unserer Musik und der Musik irgendeines anderen Kulturkreises — auch der sogenannten Primitiven — geben kann. Diese stilistischen oder kulturkreismäßigen Unterschiede können nur in sekundären, in „Stoff"-Verschiedenheiten liegen oder, sobald man es mit *grundsätzlich* abweichenden Wirkungsarten zu tun zu haben glaubt, darin, daß man Gleichheiten in Unvergleichbarem sucht. D.h.: Weil man es schon als Musik auffaßt, sobald irgendwo Klänge verwendet werden, werden Klangverbindungen und Klangverwendungen auf Ähnlichkeit oder Unähnlichkeit untersucht, die nicht oder noch nicht „Musik" im Sinne unserer verabredeten klaren Begrenzung sind und bei deren Gestaltung sich deshalb noch außermusikalische Momente auswirken. Die von unserem Musiksystem scheinbar grundsätzlich abweichenden Arten der Stoffgestalt etwa in arabischer oder siamesischer Musik erweisen sich, auch soweit es sich nur um reine Instrumentalmusik handelt, wirklich nur als scheinbar, sobald wir von der analysierenden Stoffbetrachtung und Stoffbehorchung zur Untersuchung der Klangbeziehungs*resultate* und der Zielrichtungen, in denen Energien wirksam werden, übergehen. *Eine* Übereinstimmung finden wir übrigens stets zwischen den Musiktheorien anderer Kulturkreise und der unseren, auch wenn sie noch so verschiedenartige

Klangstoffe behandeln: Sie alle sind ebenso aus der Untersuchung und Zergliederung des Akzidentellen eines toten Stoffes hervorgegangen wie die unsere, und sie haben sich für ihre Kombinationen, Regelsammlungen und Ordnungsversuche auch erst die Unterlagen durch Abstraktion aus lebendigen Klangbeziehungen geschaffen. Die Skalen, die Stufen, die theoretisch errechenbaren Intervalle, auf die sich die Notenzeichen und alle anderen Verständigungsmittel über den Klangstoff beziehen, gibt es in der lebendigen Musik nirgends, gleichgültig, ob es sich dabei um Viertel-, Drittel-, Halbtonreihen, um Kirchentöne oder Dur- und Mollskalen handelt. Alle Musiktheorien kranken an den Folgen der Verwechslung von isolierten Einzelklängen mit musikalischen Energien, die auf analytischem Wege, d.h. durch Betrachtung und Zerlegung des Gehäuses, in dem sie verlaufen, nicht zu fassen sind. Solange wir, wie man es bisher in der Musiktheorie getan hat, Regeln aus der Beobachtung und Feststellung der größeren oder geringeren Häufigkeit des Auftretens gewisser Stoffarten und Stoffkombinationen ableiten, ist es gar nicht möglich, Gesetze, wie sie dem Entstehen und Wirksamwerden von Klangenergien zugrunde liegen, zu finden. Nur weil man sich am toten Stoff und noch dazu am Stoff von Ausnahmeprodukten orientierte, weil man nicht nach den einfachen Grundfunktionen der *allgemeinen* Ausdrucksweise suchte (deren Existenz man ja ignorierte), wurde unsere Musiktheorie das, was sie noch immer ist: eine Sammlung von Benennungen und Handwerksregeln, die aus der Betrachtung des Stoffes der Kunstmusik abgeleitet sind, — Regeln mit ungezählten Ausnahmen, aufgestellt auf Grund einer Betrachtungsweise, der eine unklare Mischung subjektiver Empfindungs- und objektiver Stoffanalyse zugrunde liegt.[1]

Die Begriffe, die diese Theorie sich geschaffen hat (und damit die meisten im Bereiche aller musikalischen Spezialgebiete), sind, wie sich nach dem Gesagten nicht anders erwarten läßt, notgedrungen ebenso vieldeutig und unklar wie die Standorte, von denen aus das zu Bezeichnende gesammelt wurde. Sie sind nur oberflächliche Unterscheidungshilfen, oft nur auf Grund äußerlicher Analogien gewählte Bezeichnungen, die selten etwas über die Funktionen aussagen, die dem, was sie bezeichnen wollen,

1 In den drei Gruppen: Harmonielehre (Lehre von den Zusammenklängen), Kontrapunkt (Melodie- und Polyphonielehre) und Formenlehre, in denen diese sogenannte Musiktheorie heute noch in der musikalischen Praxis wirksam wird, laufen die verschiedensten grundsätzlichen Standorte durcheinander. Diese Gruppen sind deshalb weder als Grundriß für die pädagogische Arbeit noch als Leitfäden für wissenschaftliche Untersuchungen geeignet. Am ehesten wäre eine klare Scheidung des Prinzipiellen der Art und der Richtung, in der die Energien wirksam werden, von dem Akzidentellen der Stoffgestaltung bei der sogenannten Formenlehre durchführbar. Dabei könnte noch am leichtesten gezeigt werden, daß gleiche statische, architektonische Verhältnisse durch verschiedenartigsten Stoff, durch verschiedenartigstes Baumaterial darstellbar sind. Wenn überhaupt, so müßte eine solche Formenlehre *Ausgang* aller praktischen Unterweisung und nicht wie jetzt ihre letzte, höchste Stufe sein.

zugrunde liegen. Diese Musiktheorie, die eigentlich keine ist, hat nicht nur der Akustik, sondern auch der Musikpsychologie den größten Teil ihrer Begriffe und Problemstellungen geliefert und sie dadurch immer wieder in unfruchtbare Blickrichtungen gedrängt. Da auch die üblichen Anschauungen über die scheinbar selbstverständlichen Grundlagen aller Stoffbetrachtung — über die Rolle der Ton-„Höhen", über unsere Auffassung von „rein" und „unrein", über den Kompromiß der Skalen und der reinen oder temperierten Stimmungen, über das theoretisch Errechenbare der Klangqualitäten, sobald sie aufhören, sich auf isolierte Klänge zu beziehen — von einem veränderten Standort des Untersuchenden aus und sobald wir Musik als Klangbeziehungsresultat auffassen, erschüttert werden, verliert diese Theorie auch ihren letzten Halt: den toten Stoff.

Die einzig zuverlässige Basis für den Aufbau einer neuen Theorie, für die Neuorientierung von Musikpsychologie und Musikästhetik, für eine klare Scheidung der Phänomene kann nur die scharfe und klare Unterscheidung zwischen dem Akzidentellen der Stoffgestalt und dem Prinzipiellen der jeweils nur durch Klangbeziehungen wirksam werdenden energetischen Gesetze liefern. Diese Sonderung ist wiederum nur möglich bei einer Beurteilung, die sich nicht mehr auf Kunstprodukte und Sonder-„Begabungen", sondern auf die Funktionen, die der allgemeinen Äußerungs- und „Aufnahme"-Fähigkeit zugrunde liegen, stützt, die sich an einer — Notwendigkeiten und Möglichkeiten klar unterscheidenden — „absoluten Musik" orientiert. Darauf, wie wir uns als Hörer und Untersuchende zu verhalten haben, damit wir Gesetzmäßigkeiten und die ihnen entsprechenden Funktionen klar empfinden und finden können, — darauf, wie wir zu deutlichem Erkennen von „passiv" und „aktiv" im musikalischen Geschehen wie im sich äußernden und „aufnehmenden" Menschen kommen können, — also auf die subjektive psychologische Seite der Probleme — werde ich, soweit sich dies überhaupt ohne Erarbeiten durch selbsttätige Erfahrung machen läßt, zum Schluß dieser Ausführungen eingehen.

Zuvor will ich versuchen, die Notwendigkeit der Unterscheidung zwischen Akzidentellem des Stoffes und Prinzipiellem der musikalischen Energie noch etwas deutlicher zu machen. Diese Unterscheidung ist nichts anderes als eine selbstverständliche Folge davon, daß wir unter Musik das Klangbeziehungsre*sultat* und nicht das Klanggehäuse verstehen wollen. Bei allem, was die Grundlage für Darstellung, Empfindung und Überprüfung von Klangbeziehungsresultaten liefert, haben wir es mit dem Wechselspiel von „Notwendigkeiten" und nur durch deren Bestehen überhaupt erst erkennbaren und wirksam werdenden Möglichkeiten zu tun. Da es dieses „möglich" und „notwendig" sowohl im Bereiche des Stoffes wie im Bereiche der Energie gibt, haben wir bei jeder praktischen Stellungnahme nicht nur das Akzidentelle des Stoffes und das Prinzipielle der musikalischen Energie, sondern auch die Möglichkeiten innerhalb des Stoffes und die Möglichkeiten innerhalb der Energie (Möglichkeiten aus zwei grundsätzlich verschiedenen, heute gewohnheitsmäßig vermischten Regionen) scharf auseinanderzuhalten. Es kann deshalb nicht oft genug auf den *grundsätzlichen Unterschied zwischen Stoff* (Klangmaterial und Klanggehäuse) und *Musik* (Energie, Energieleistung, Zielrichtung) hingewiesen werden.

Genau wie in der Architektur der Raum erst gestaltet wird und als Resultat empfindbar wird, wenn mit einem Stoff etwas gebaut worden ist, – wie Baumaterial da sein muß, durch das gestützt und getragen wird, aus dem Umfassungsmauern und Wände, Gewölbe und Decken im Dienste des zu schaffenden Raumes entstehen, – genauso und im gleichen Sinne sind in der Musik der Einzelklang, die Klangsorte Baumaterial, die Klanganordnung, die Klangfolge nur Gehäuse, beides nur Stoff. Und wie der Raum, die Raumbildung, die Gewölbespannung das *Wesentliche* der Architektur ist, das, wozu Material nur benutzt wird, – so ist auch in der Musik die Klangspannung, die Klangenergie, die Zielrichtung, die Arbeitsleistung, die den Stoff nur braucht, um zu erscheinen und wirksam werden zu können, das *Wesentliche*. Genau wie Holz, Stein, Eisenbeton nur verschiedenartige Baustoffe sind, mit denen prinzipiell in ihren Grundgesetzen gleichartige Räume gestaltet werden können, – genauso ist es für die Darstellung, für das Empfindbarwerden musikalischer Energieverläufe, für das Erkennen ihrer Gesetzmäßigkeiten zunächst sekundär, ob der Stoff, das Baumaterial, sich seiner Elementarstruktur nach aus Halb-, Drittel-, Viertelton oder sonstwie geordneten Klangsystemen rekrutiert, ob die Wandungen des Gehäuses in homophonen, polyphonen oder akkordischen Verbindungen aufgebaut werden. Und genauso, wie die verschiedenen *besonderen* Möglichkeiten des Stützens und Tragens (wie sie durch die jeweilige Eigenart, durch Druck- und Zugfestigkeit des gewählten Baumaterials gegeben sind) Möglichkeiten innerhalb des *Stoffes* bleiben, – genauso sind die bei der Verwendung von Halb-, Drittel-, Vierteltonmaterial, bei homophonen, polyphonen und akkordischen Klanggehäusen zu beachtenden „Regeln", Rücksichten und Energieleitungsmöglichkeiten *Möglichkeiten innerhalb des Stoffes*. Und umgekehrt: Wie bei echter Architektur die Außenansicht des Gebäudes durch die beabsichtigte Raumgestaltung beeinflußt ist und durch die Auswirkung von für den Raum eigentümlichen Gesetzmäßigkeiten bedingt ist, – genau, wie diese Außenansicht wohl Rückschlüsse auf den Raum gestattet, aber immer nur den Stoff, das den Raum Umschließende, zeigen kann, – genauso zeigt die Betrachtung oder Behorchung des Klanggebäudes, wenn sein Bau auch bis zu einem gewissen Grade von außen Rückschlüsse auf die Gesetzmäßigkeiten des Energieverlaufes zu ziehen gestattet, immer nur „Fassaden" des Klanggeschehens, immer nur „Stoff".[1] Wie bei der Architektur das Gestaltete, der Raum, das *Wesentliche* ist und nicht die Fassade, so ist bei der Musik nicht das Klanggehäuse – und sei es noch so kunstvoll organisiert –, sondern sind Energieverlauf, Arbeitsleistungen und Spannungsziele, die durch Klangbeziehungen geschaffen werden, das Wesentliche! Die Art der stofflichen Zusammensetzung des Klanggehäuses, die Tonhöhen im einzelnen, die Wahl der einen oder anderen Stilart sind für das Zustandekommen jener wesentlichen Spannungsvorgänge im selben Verhältnis relativ untergeordnet. Sie geben dem Allgemeinen, das gestaltet wird, jeweils nur gewissermaßen das individuelle, subjektive Gepräge der Zeit und der sich äußernden Persönlichkeit. Auch Endzweck und -absicht spielen hier wie dort eine sekundäre Rolle: Es gibt auch Klanghütten und Klangdome. In den einen wie den anderen sind aber stets die gleichen Grundgesetze wirksam. Und *warum* das Ziel das eine Mal eine *Hütte*, das andere Mal ein *Dom* ist, geht uns für das Erfassen des Wesentlichen wieder nichts an.

Da wir auf das einfachere und überzeugendere Klangerlebnis als Beispiel hier verzichten müssen, bleibt nichts anderes übrig, als weiter in Vergleichen und Bildern zu sprechen. Habe ich das, was mit Klangstoff und Klanggehäuse gemeint ist, mit Baumaterial, mit Umfassungsmauern, Wänden, Gewölben, Decken und Fassade in der Architektur verglichen, so werde ich versuchen, die Unabhängigkeit des Energieverlaufs von der jeweiligen Stoffgestalt, vom Klangmaterial wie vom Klanggehäuse an einem anderen, wenn auch etwas groben Bilde deutlich zu machen. Es wurde schon festgestellt, daß es für das Erkennen des Wesentlichen ziemlich gleich bleibt, ob ein auf ein gewisses Ziel gerichteter, unter gewissen dynamischen Bedingungen und räumlich-zeitlichen Proportionen ablaufender Klangzusammenhang einen polyphonen, akkordischen oder homophonen Körper hat, ob er in einem uns geläufigen Dur- oder Molltonartkreis oder in in anderen Kulturbereichen üblichen Klangbeziehungen oder der sogenannten Atonalität abläuft. Ebenso lose sind die Beziehungen zwischen *Energie*quantität und -qualität und *Stoff*quantität und -qualität. Es ist nur eine weitere selbstverständliche Folge der Unterscheidung zwischen Stoff und Energie, daß wir auch der *Musik* gegenüber eine andere Quantenvorstellung haben müssen als

1 Das heißt von der Seite des Eindrucks gesehen: Erleben läßt sich der architektonische Raum nur ganz, wenn man *in ihm steht* und damit selbst ein Teil des Raumes wird; – erleben läßt sich der musikalische „Raum" nur ganz, wenn man seine Gestaltung miterlebt, wenn man (gleichgültig, ob produzierend oder „aufnehmend") in völliger Gelassenheit den gesetzmäßigen Energieverlauf ungehindert in sich auslösen läßt, sich ihm hingibt, sich „rühren", sich „berühren", sich „bewegen" läßt.

gegenüber dem *Klanggehäuse*. Aufschluß wird nur die Beurteilung im Sinne der „Arbeitsleistung", nicht aber das Messen von Länge, Kürze, Höhe usw. des Stoffes geben. Ein großes Energiequantum kann in einem kleinen Stoffquantum, ein kleines Energiequantum in einem großen Stoffquantum, abnehmende Spannung in einer zunehmenden Klangstärke und zunehmende Spannung in einer abnehmenden Klangstärke entstehen usw. Das alles ist für die Energieentwicklung und für das Erkennen ihrer Gesetzmäßigkeiten relativ ebenso untergeordnet (und für die Einzelfall-Leistung wieder ebenso und im gleichen Sinne praktisch wichtig), wie etwa der größere oder geringere Querschnitt, die eine oder andere Art der Isolierung eines Klingeldrahtes oder wie die Windungen oder Umwege, die eine Drahtleitung von der Kraftquelle bis zum Ort der Arbeitsleistung macht, nicht prinzipiell wichtig sind. Sie sind es weder für das Verständnis der Art der Entstehung der Spannung und der Art der entstehenden Spannung und Arbeitsleistung noch für die Art des Klingelgeräusches. So, wie die längste und komplizierteste Kraftanlage und Drahtleitung nur tote Leitung bleibt, solange der Kontakt nicht geschlossen ist, sie nicht von Strömen durchflossen ist und diese nicht zu einer Leistung benutzt werden, so bleiben die längste Klangreihe, das komplizierteste Klanggehäuse doch nur toter Stoff, solange sie nicht von Energie durchflossen sind, solange keine deutliche Zielrichtung bemerkbar ist, solange die latente Energie nicht zu einer ihr entsprechenden Leistung verwendet wird. Und genau wie in der Drahtleitung besteht auch in der Musik die Möglichkeit des „Kurzschlusses"! Z.B. all die falsch betonten sogenannten guten Taktteile bedeuten nichts als Kurzschließen, als vorzeitiges Verpuffen der Energie, bevor sie mit der Erreichung des Zieles ihren Zweck erfüllt hat. Und ebenso, wie ich auch ohne lange „Leitung" etwa die Klingel unmittelbar an die Kraftquelle anschließen kann, so kann auch ohne lange Folge schon in zwei Klängen „Musik" entstehen.

Aber zwei Klänge müssen es wenigstens sein; denn Musik kann nur durch einen Zusammenhang, durch das Entstehen von Beziehungen wirksam werden, und zwar nur durch ein *Nacheinander*, also durch eine Erscheinung in der Zeit (räumlich gesehen durch einen horizontalen Ablauf). Ein Klang allein oder auch zwei oder mehr Klänge, die gleichzeitig klingen (also räumlich gesehen vertikal), sind nur ein akustischer Eindruck, nur qualitativ verschieden von einem Geräusch, d.h. ein Eindruck, an dem sich vielleicht unsere Phantasie entzünden kann durch Erweckung von Beziehungen außermusikalischer Art oder auch durch Schaffung von musik*ähnlichen* Empfindungen, indem etwa (bewußt oder unbewußt) die angeregte Empfindung durch Ergänzungsbedürfnisse Klangbeziehungen *dazu schafft. Ein* Klang oder *ein* Zusammenklang bleibt immer nur Stoff. Ein in bestimmte Richtung weisender Zusammenklang (z.B. eine Dissonanz) — also zwischen gleichzeitig klingenden Klängen in vertikaler Richtung entstehende Spannung — bleibt zwar auch nur ein Vorgang innerhalb des Stoffes, nimmt aber insofern eine Zwischenstellung ein, als die durch eine solche vertikale Beziehung geschaffene Erwartung einer „Auflösung" eine *eindeutige* Ergänzung im Nacheinander-Sinne der Empfindung des Hörers *aufzudrängen* geeignet ist. Auf solche Weise entstehende Musik bleibt als horizontaler Zusammenhang immer nur vorgestellte Musik, entsteht nur als eine psychologische Angelegenheit und ist etwas grundsätzlich anderes als eine durch In-Beziehung-Treten nacheinander klingender Klänge entstehende Energie. Der Einzelklang entspricht einem Kraftvektor. Erst dadurch, daß er zu wenigstens einem nachfolgenden Klang in bestimmter Richtung wirkend in Beziehung kommt, entsteht Energie. Musik ist also etwas *Neues* — etwas *Drittes*, das erst entsteht, wenn wenigstens zwei Klänge zueinander in Beziehung kommen, und zwar *etwas, das* (wie z.B. die Elektrizität) *ein objektiv feststellbares Produkt von Klangbeziehungen sein muß und nicht nur in der Psyche des Hörers vorhanden sein kann!*

Diese Energie muß auch ohne den „Hörer" feststellbar sein, einerlei, ob es sich erweist, daß wir es mit einer Energie im physikalischen Sinne oder einer noch näher kennenzulernenden oder präziser charakterisierbaren Erscheinung und Kraftwirkung zu tun haben. Wenn ich hier von *objektiv* spreche, so soll damit nur gesagt sein, daß dieses Dritte auch ohne die Anwesenheit des Hörers vorhanden sein muß, daß eine entsprechende Wirkung unabhängig vom Vorhandensein einer Person, in der sie sich in menschliche Empfindungen übersetzt, feststellbar sein muß. (Wir wollen uns mit dem Gebrauch von „objektiv" nicht in den Bereich der Metaphysik verlieren. Die Metaphysik soll aus unseren Betrachtungen genauso ausgeschaltet bleiben wie die „Kunst".) Eine Kanone, die in einer auf Hunderte von Kilometern im Umkreis vollkommen menschenleeren Gegend durch Fernzündung zum Abschuß gebracht würde, ergäbe in unserem Sinne „objektiv" außer allen anderen Erscheinungen und Wirkungen einer Explosion ohne die Anwesenheit von Menschen genauso den Knall, als wären Menschen anwesend, die ihn hörten. Alle physikalischen Voraussetzungen des Knalles wären gegeben. Nur die Übersetzung in unsere subjektive Sinnesempfindung „Gehöreindruck" wäre vom Vorhandensein eines entsprechend organisierten Wesens abhängig. Schon durch Übertragung durch ein Telephon könnte der Knall sogar außerhalb der sinnlichen Wahrnehmbarkeitszone wieder hörbar gemacht werden. Jeder Raum, in dem wir uns befinden, ist heute angefüllt mit unzähligen drahtlos verbreiteten Klangsendungen, d.h. mit einem chaotischen, betäubenden, „unhörbaren Lärm", der zweifellos in dem hier gemeinten Sinne „objektiv" vorhanden ist. Wir spüren nur nichts von der

Existenz dieser Klangsendungen und bemerken sie erst, wenn sie durch eine geeignete vermittelnde Vorrichtung in die Sprache unserer Sinne zurückübersetzt worden ist. In diesem Sinne ist das „objektiv" zu verstehen, wenn ich sage: Das, was als Drittes zwischen Klängen entsteht, das, was wir bisher fast nur als subjektive Leistung des Hörers oder als „persönliche Wirkung" des Musizierenden angesehen haben, ist auch objektiv vorhanden ohne den Hörer, in dem es sich erst durch seinen Organismus in den *Musik*eindruck übersetzt. Der Hörer ist nur nicht gewohnt, diesen Musikeindruck *bewußt* vom *Klang*eindruck zu sondern. (Unbewußt tun wir das, wenn wir z.B. zwischen „lebendigem" und „trockenem" Musizieren, zwischen „musikalischem" und „unmusikalischem" Spiel unterscheiden.) Ein — statt nur auf Schallwellen reagierender — in irgendeiner Weise auch auf diese „Energien" reagierender Apparat müßte dieses Dritte auch registrieren. Eine nach Erkennen des Wesens dieser Energie konstruierte Vorrichtung müßte sie messen können. Wir sehen oder fühlen auch nicht, was als Elektrizität in einer Leitung vorgeht, wenn wir eine durch sie angetriebene Maschine arbeiten sehen oder wenn wir gar nur die Leitung von außen betrachten. Aber wir können sehr wohl, wenn wir uns in eine Leitung zwischenschalten, einen Schlag bekommen, d.h. einen Sinneseindruck der in ihr wirksamen Kraft bekommen, eine Übersetzung dieser Energiewirkung in die Sprache unserer Sinne, — aber nicht mehr! Hätte man sich darauf beschänkt, sich nur damit zu beschäftigen, wie Elektrizität auf unseren eigenen Körper wirkt, so hätten wir diese Energie wohl genausowenig näher kennen- oder gebrauchengelernt, wie wenn man immer nur von der Analyse der „leitenden" Stoffe Aufschlüsse erwartet hätte.

Sobald wir die Energien, die durch Klangbeziehungen wirksam werden, als Musikeindruck empfinden, haben wir sie auch bereits in einer bestimmten *einseitigen* Weise durch unseren Sinnesapparat interpretiert. In der Akustik hat man geglaubt, Musik — also das Klangbeziehungs*resultat* — gehe einen als ein Subjektives und Psychologisches nichts an, man habe nur mit dem „Greifbaren" der Klänge zu tun. Aber auch das, was als Drittes aus Klangbeziehungen entsteht, muß „greifbar" sein. Es ist greifbar im gleichen Sinne wie das, was aus Kupfer und Zink entsteht, wenn sie mit Säure in Berührung kommen. In die Akustik gehört dieses „Dritte" dann allerdings kaum mehr, — aber auch nicht in die Psychologie! Ich glaube, daß die physikalische Nachweisbarkeit und Meßbarkeit der Arbeitsleistung dieses Dritten, für das ich vorläufig keine treffendere Bezeichnung als „Energie" kenne, nichts als eine Frage der Zeit ist.[1]

1 Fußnote auf der nächsten Seite

Mit der Erweiterung der Klangfolge über das zum Entstehen der Energie Notwendige hinaus kommt zu dem erkennbaren Wirksamwerden von Energie das Erkennbarwerden einer Zielrichtung, das Zunehmen der „Möglichkeiten". Das bedeutet, in Beziehung auf den Hörer gesehen, das Erwecken von ganz bestimmten, mehr oder minder eindeutigen Erwartungen. Das „Ziel" irgendeiner Klangfolge, der kürzere oder weitere Weg mit der entsprechend dem Maße der erregten Erwartung größeren oder geringeren Spannung bis zum Eintreffen des Erwarteten, — die absichtliche (aktiv wählende) Einschiebung von Widerständen zur Vergrößerung der Spannung (Erwartung) oder die durch „unerwartete", absichtliche (aktiv wählende) Verringerung der Widerstände (Verkürzung des Weges) erzielte Überraschung, Enttäuschung, — das gehört zum — stets und von jedem erkennbaren — Wesentlichen, das bei einem musikalischen Energieablauf festgestellt werden kann. Nicht dazu gehört die spezielle Stoffbeschaffenheit, wie z.B. die absolute oder auch bis zu einem hohen Grade die relative Ton-„Höhe". Die prinzipiell gleiche Erwartung und Spannung kann, wie gesagt, in ganz verschiedenartigem Stoff, in einer polyphon, akkordisch oder sonstwie zusammengesetzten „Drahtleitung" erzeugt werden.
Einen unwiderlegbaren und als Material für den Skeptiker sehr wertvollen Beitrag für die relative Unwichtigkeit von Einzelheiten des Klangstoffes und für die Unverbindlichkeit der Forderungen unseres Musiksystems erhielt ich durch eine experimentalpsychologische Arbeit, die mir erst wenige Wochen vor Beginn des Kongresses vom Verfasser zugesandt wurde. Ziel der Arbeit war, Unterlagen für ein „Werturteil über Reinheitsbreite und Konstanz exotischer Musik" zu gewinnen und darüber hinaus zu Klarheit in der alten Streitfrage unserer Musiker, ob von Sängern und Streichern

1 Ich kenne den Widerstand, der spontan gegen eine scheinbar so materialistische Auffassung der Musik überall wach wird. Aber aus der Auffassung des Wesens des Musikvorgangs als eines Energieablaufs im naturwissenschaftlichen Sinne spricht nur eine *sachliche* Einstellung, nicht aber eine „materialistische"! So seltsam das zunächst auch klingen mag: Gerade die bisherige Musikauffassung voll verstiegener sentimentaler „Kunst"-Gedanken, voller „heiliger Gefühle", gegen die ich mich wende, sobald sie in die sachliche Betrachtung einbezogen werden und diese damit unmöglich machen, ist eine *materialistische*! Die Musikauffassung, die ich eben darlegte, die Suche nach den Gesetzen dieser Energie, will nichts als die sachliche Grundlage finden für das, was nach wie vor jedem zu „fühlen" unbenommen bleibt. Sie stellt sich nur anstatt auf verschwommene, subjektive, unklare „Gefühle" auf das Gesetzmäßige aller Vorgänge ein, auf das Erleben von Abläufen allgemeiner Art, auf den Appell an überall latente Funktionen! Der Weg zu jener „absoluten Musik", zu deren Erzeugung Maschinen notwendig sind, ist auch nur ein Stück Weg zur „Harmonie der Sphären". Die heutige Musik ist dagegen eine Musik voller Geräusche, und gerade die heutige Musikauffassung wie die übliche praktische Einstellung zur Musik ist in einem nicht mehr übersteigbaren Maße *materialistisch*! Gerade die sentimentale Einstellung, die ihre mangelnde Klarheit hinter Schwärmerei und „Stimmung" versteckt, klebt am *Stoff*, erwartet ihre Aufschlüsse und ihre Eindrücke vom *Stoff*, betreibt Musik-„Verständnis" durch analytische Behorchung des *Stoffes*, studiert das Leben am Kadaver. Die Musikauffassung, von der ich spreche, bedeutet genau das Entgegengesetzte: Sie lenkt ab vom Stoff und erwartet alle Aufschlüsse aus einer möglichst vollkommenen Abkehr vom Stoff!

„temperiert" oder „rein" musiziert werde, zu gelangen. Bei der Durchführung dieser Arbeit war wohl kaum an die Möglichkeit einer Verwertung in einem Zusammenhang wie dem unseren gedacht. Es handelt sich um tonometrische Untersuchung von 23 Phonogrammen des gleichen, von verschiedenen Versuchspersonen gesungenen Volksliedes. (Otto Abraham, Tonometrische Untersuchungen an einem deutschen Volkslied. Psychologische Forschung Bd. IV. Verlag J. Springer.) Ich will kurz darauf eingehen:

Der Vergleich der *gesungenen* Tonhöhen der Melodie (Deutschland, Deutschland über alles) mit den Notenwerten entsprechenden, *theoretisch errechneten* Tonhöhen ergab — ich zitiere hier wörtlich — *„enorme Differenzen* zwischen den temperiert ausgerechneten Centswerten und den *gesungenen* und tonometrisch gefundenen Intervallgrößen, außerdem enorme Differenzen zwischen gleichbenannten Intervallen an *verschiedenen* Stellen der Melodie, und schließlich ziemlich starke Differenzen zwischen identischen Intervallen der verschiedenen Versuchspersonen." Es sind hier durch exakte Messung der Schwingungszahlen der Phonogrammklänge mit Hilfe des Appunschen Tonmessers — den Sängern selbst unbewußte — *Abweichungen* von 3/8 bis 1 3/8 *Ganzton* von den Notenklängen beziehungsweise von den theoretisch errechneten Klanghöhen festgestellt worden! Diese Messungen wurden an Walzen, die von elf ausdrücklich als „musikalisch" (einige sogar als außergewöhnlich musikalische und routinierte Sänger, darunter solche mit dem absoluten Tonbewußtsein) bezeichneten Versuchspersonen besungen sind, vorgenommen. Es wird klar, was diese beachtlichen Abweichungen bis 1 3/8 Ganzton besagen, wenn man bedenkt, daß die größte Differenz zwischen temperierter und reiner Stimmung (das, worum der Streit, den diese Untersuchung schlichten helfen wollte, geht) nur 1/24 Ganzton beträgt! Trotz dieser großen Schwankungen der Tonhöhe, denen gegenüber die Unterschiede der reinen oder temperierten Intonation lächerlich gering erscheinen, hatten sowohl Sänger wie Hörer die subjektive Empfindung, daß die Melodie jeweils „richtig" gesungen wurde! Nichts kann drastischer die immense Suggestion und Diktatur der Notenschrift und der theoretischen Systeme erhellen, die uns jeden Sinneseindruck, der von der „Rechnung" abweicht, unwillkürlich im Sinne des „Systems" hat uminterpretieren lassen! Grotesk offenbart sie sich in den unermüdlichen Versuchen, das „Reinsingen" im Sinne der, für isolierte Einzelklänge errechneten „reinen" oder „temperierten" Tonhöhen zu *üben*. Mit diesem „Üben" wird mit Anstrengung versucht, ein Ziel zu erreichen, das für die *lebendige* Musik gar nicht existiert. Erst die Maschine, die keiner Suggestion unterliegt, konnte diese oft gefühlte, nie exakt feststellbar gewesene Subjektivität und Suggestibilität des Hörers wie des Musizierenden unantastbar nachweisen. Der

Phonograph ist der einwandfreie, vorurteilslose Zeuge, der – nun vom Stoff her – bestätigte, daß das Wesentliche, das uns einen Musikverlauf wiedererkennen und als „musikalisch" oder „richtig" erkennen läßt, zumindest nur in untergeordneter Weise und in einem anderen Sinne, als man bisher in der Musiktheorie, Psychologie und Ästhetik annimmt, von den jeweiligen Einzelheiten des Klangmaterials und des Klanggehäuses abhängt.
Mit Überraschung und Verwunderung wird hier anhand des Phonogramms die Feststellung gemacht, daß sogar „musikalische" Menschen – ich würde, wenn überhaupt, sagen, gerade solche – „gleiche" Klänge, gleichbenannte Intervalle an verschiedenen Stellen derselben Melodie verschieden hoch intoniert haben. Gleichzeitig wird aber auch zugegeben, daß es – obwohl weder „absolut" rein noch „temperiert" gesungen wurde – nicht „unrein" oder gar „unmusikalisch" geklungen hat. Diese Erscheinung muß dem Praktiker schon öfter aufgefallen sein. Da er sie nicht zu deuten wußte, da sie praktisch auch nicht direkt störte, hat er sie sich nicht recht bewußt werden lassen und sich gewöhnt, sie als Zufallserscheinungen oder als bedauerlichen Übelstand hinzunehmen. Erklärt hat er sich diese „Schwankungen" meist mit mehr oder weniger „In-Stimmung-Sein" des Musizierenden oder auch des Hörers. Der Gedanke, daß der Sänger recht haben könnte und nicht unsere geheiligte sieben- oder zwölfstufige Tonleiter, daß die *Abweichung* richtig sein könnte und die Norm falsch, wäre ja auch undenkbar gewesen. Die Auffassung, daß für die Musik einzelne Klänge nichts bedeuten, der Zusammenhang *alles*, daß die Beziehungen zwischen den Klängen beziehungsweise die Zielrichtung, in der die Energie wirksam wird, das Wesentliche sind, ermöglicht nicht nur einfache, überzeugende Erklärungen dieser Erscheinungen, sondern auch ein genaues Vorhersagen dieser Zufälligkeiten. Die Ausfüllung des „Loches" der Oktave ist auf Grund einer Abstraktion und eines Kompromisses erfolgt. Die verabredete Klang-„Höhe" der Tonleiterstufen mag für die „Tonleiter" gelten, d.h. für ein Gebilde, dessen Oktavziel gleichzeitig die Tonika ist. Sie ist mit historischer Notwendigkeit und Berechtigung einmal für gewisse Verständigungsabsichten künstlich geschaffen und verabredet worden. Was aber für eine solche Tonleiter gilt, hat nichts Verbindliches mehr für die Tonhöhenverhältnisse in der jeweils verschiedenen Umgebung, in der wir solche „Stufen" im Verlaufe einer Melodie wiederzufinden glauben. Die jeweilige Zielrichtung, in der die Einzelklänge nur Wegteilchen bedeuten, das Ziel, zu dem der Weg strebt, ist entscheidend für den Verlauf der Einzelheiten des Weges! Die sich unterwegs gleichzeitig weggestaltend und wegweisend auswirkende *Zielrichtung* schafft sich erst die für einzelne Wegteilchen jeweils nötige Klang-„Höhe", und

nicht nur diese, sondern auch die nötige *Gesamt*qualität. Niemals aber entsteht aus errechneten Klanghöhen, aus aneinandergesetzten Wegstrecken ein Ziel! Das gemeinte Ziel wird in solchen Fällen erst *hinterher* erkennbar, nachdem das Ende erreicht ist. Während des ganzen Verlaufs fehlt eindeutige Energieleistung, herrscht also nicht Spannung und bestimmte Erwartung, die erst alle Abweichungs- und Wirkungsmöglichkeiten deutlich erkennbar werden lassen kann. Als Eindruck bleibt tastende Unsicherheit und Schwanken, Verpuffen jeder Wirkungsabsicht, Hinlenken des Hörers auf die Gestalt des Stoffes, durch dessen möglichst eingehende Beobachtung er sich dann bis zu einem gewissen Grade für das Fehlen des Wesentlichen schadlos hält! So erzeugt erst „unmusikalisches", „energieloses Musizieren" das Bedürfnis nach Musik-„Verständnis" oder besser, nun in unserer Sprache, nach Stoffverständnis! Die Oktavenfüllstufen waren einmal ein Kompromiß, um die unendliche Vielheit von Klanghöhenmöglichkeiten, die je nach Umgebung und Ziel variieren, für Aufzeichnungen und Verständigung faßbar zu machen. Heute aber *diktiert* bei der Gestaltung des Klangmaterials diese Klanghöhenverabredung genauso, wie — statt der im *spontanen Ausdruck* wirksamen Kräfte — die *Reproduktion nach der Notenschrift* diktiert.

Wie leicht das alles deutlich wird, mag ein kleines Beispiel zeigen. Man lasse jemanden, der nichts vom Zwecke des Versuches weiß, etwa eine Klangfolge 1-2-3 singen (-1- als Tonika, als Klangbeziehungszentrum aufgefaßt und zur Sicherung des Resultates noch durch Klingenmachen eines kleinen musikalischen Zusammenhangs zuvor als Tonika deutlich empfindbar gemacht). Man lasse dieses Melodiestückchen einige Male singen, unterbreche plötzlich durch Zuruf nach -2- und lasse die erreichte Klang-„Höhe" auf sich wirken. Dann lasse man mehrmals 1-2-1-singen und unterbreche wiederum unerwartet nach -2-. Der Vergleich der Klang-„Höhe" der -2- aus dem ersten Melodiestückchen mit der Klang-„Höhe" der -2-aus dem zweiten Melodiestückchen wird ohne weiteres ergeben, daß die erste -2-stets „höher" intoniert wurde als die zweite -2-. Das erste Mal ist das Ziel am Ende einer steigenden Kurve, und jedes Zwischenteilchen des Wegs nimmt Teil an der „Steigung". Das andere Mal ist das Ziel ein Zurücksinken zum Ausgangspunkt, und die Kurve wird in ihrem Scheitelpunkt (-2-) nicht so „hoch" ansteigen, wie wenn das Ziel bei -3- läge.

In einer Melodie —Tonika 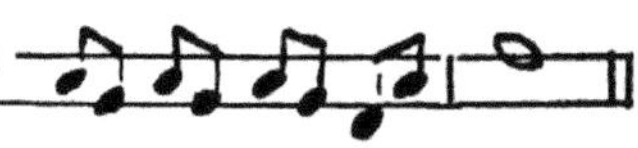 also 7-6-7-6-7-6-5-7-1-

werden die ersten drei „7" beim unbefangenen und unverbildeten Sänger oder Geiger stets „*tiefer*" intoniert sein (nach -6- beziehungsweise nach -5- orientiert und unter sich noch in kleinen, aber ebenso notwendigen Differenzen verschieden) als das vierte „7" (nach „oben", nach -1- orientiert).

Ich benutze „hoch" und „tief" immer in Anführungsstrichen, um anzudeuten, daß wir diese Begriffe nur mit Vorsicht anwenden dürfen. Über die eine Kenntnis der tatsächlichen Vorgänge erschwerende Suggestion einer Ton-„Höhen"-Vorstellung wäre noch viel zu sagen. Auch hier wirkt sich eine Quanteneinstellung aus dem Stoff irreführend für das Erfassen der Vorgänge in der Energieentfaltung aus, für die ganz andersartige Quantenverhältnisse maßgebend sind. In einem musikalischen Zusammenhang — also in einem Nacheinander — kann es selbstverständlich keine „absoluten" Ton-„Höhen" geben. Ein Klang -e- oder -a- oder sonst ein Klang hat in einer lebendigen Musik niemals soundsoviel Schwingungen. Eine durch den Zusammenhang veranlaßte Abweichung von der errechneten „Höhe" kann niemals „unrein" bedeuten; denn das gleiche -a- oder das gleiche -e- wird in verschiedener Umgebung als Wegstrecke zu verschiedenen Zielen immer verschieden „hoch" sein. Absolute Ton-„Höhen" kann es nur im Partialtonsinne, also im Verhältnis zu einem Grundton, geben. Verbindlich sein können sie nur in einem *Zusammen*klang, einem im vorhin angedeuteten Sinne *vertikalen* Ausschnitt, nicht aber in einem Ablauf. Die absolute „Höhe" kann in der lebendigen Musik nur den Sinn haben, eine Vereinbarung für die Verabredung gemeinsamer Ausgangs- beziehungsweise Zielorte innerhalb des „Stoffes" zu ermöglichen.

Das jederzeit fühlbare Problematische der Reinheit unseres Musizierens ist nicht in dem Problem „mathematisch-rein" oder „temperiert" begründet. Die meisten beim praktischen Musizieren auftauchenden Intonationschwierigkeiten verschwinden, sobald wir nur die jeweiligen Spannungsziele, die Richtung, in der die Energie wirksam werden will, sich auswirken lassen. Auch Gehörbildungsübungen können deshalb niemals zum „Rein"-Singen und zum „Rein"-Spielen führen. Im Gegenteil: Jedes gesunde Ohr hört so gut, daß es durch nichts verbessert werden kann. Alle Meß- und Treffübungen an isolierten Klängen müssen von unserem Standort aus eher verbildend, das natürliche Empfinden für den *Zusammenhang* störend wirken. Sie werden die Bindungen an den Stoff nur noch verstärken. Die Vorschläge und Versuche, durch Einführung von 1/3-, 1/4-, 1/6-Tonsystemen, durch Klanghöhenveränderung neue *musikalische* Möglichkeiten zu erschließen, sind auf eine ganz richtige Empfindung von der Unzulänglichkeit unserer zwölfstufigen Skala zurückzuführen. Aber nicht nur unsere zwölfstufige, sondern auch jede andere neue Skala müßte sehr bald diese Empfindung erwecken. Denn *jede* festgelegte Skala bedeutet Einschränkung der unbedingt notwendigen, den Bedürfnissen des jeweiligen Zusammenhangs nachgebenden, elastischen Differenzierungsmöglichkeit. Da man die Störungsquelle in der *Art* der Skala statt in der *Tatsache* der Skala sucht, hofft man, sie durch eine neue, vorher festzulegende Strukturvariante beseitigen zu können. Solange man aber nicht auf anderem Wege die Sicherung einer ungestörten Energieauswirkung anstrebt, laufen die Bemühungen, durch eine weitere Unterteilung oder andersartige Einteilung des Klangmaterials zu befriedigenderen Resultaten zu kommen, in eine falsche Richtung: Das unelastische „System" wird beibehalten, nur seine Stufeneinteilung wird weiter differenziert. Nur die Zahl *festgelegter Nuancierungsmöglichkeiten* wird vergrößert. Alle diese Bemühungen bleiben in dem Versuch, zu zerteilen und zu berechnen, in dem Versuch, noch andere Sorten von *Klangmaterial* als die zur Zeit gebräuchlichen zu schaffen, stecken. In Wirklichkeit gestaltet sich die jeweils wirksame Energie in dem Maße, in dem man ihr gestattet, sich auszuwirken, die jeweils notwendigen Qualitäten des Materials selbst. Niemals kann das durch Berechnungen, bei deren Aufstellung die Existenz dieser Energie ignoriert wurde, erreicht werden. Solche Vorschläge und Versuche bleiben stets ein Bemühen im Stoff und für den Stoff. Je klarer das Ziel dieser Energie (Art und Quantum der zu leistenden Arbeit) empfunden, erkannt, vorausgehört wird, desto selbstverständlicher werden die Zwischenetappen auf dem Weg zu diesem Ziel richtig. Das gilt natürlich nicht nur für die „Reinheit", für Art und Auswahl der „Höhen"-Unterschiede! Es wird dann ebenso unwillkürlich dynamisch, metrisch, rhythmisch usw. in einer von den üblichen theoretischen Vorschriften im gleichen Sinne abweichenden Art klar und „richtig" abgestuft. Die Darstellung und der Ablauf werden *bis in alle Einzelheiten* „richtig"; denn es stellt sich das ein, was wir überall und immer in der Welt als Ausdruck, Beweis und Wirkung von Zielbewußtheit, Zielklarheit und Zielsicherheit finden.

Ich kann hier wieder nur andeuten, darauf hinweisen, wie sehr unsere Auffassung der Musik als Energie auch für den Klang*stoff* – sowohl für die Art seiner Darstellung wie für das Erfassen der gesetzmäßigen Beziehungen innerhalb des Klanggehäuses – zu einer sich bis in die kleinsten Einzelheiten auswirkenden *verlebendigenden* Umwälzung führen muß. Das eben Gesagte bezieht sich nur auf die illusorische Verbindlichkeit der theoretischen Vorschriften über den Stoff, auf die sekundäre Rolle, die das Klang*material* gegenüber dem musikalischen Zusammenhang spielt. Aber es ist leicht, aus der uns allen zugänglichen Praxis eine Fülle von Beweisen auch für die untergeordnete Bedeutung ganzer *Klanggehäuse* gegenüber dem Wesentlichen der musikalischen Energie beizubringen. Es bedeutet kein Abschweifen in das Gebiet der Kunst, wenn ich daran erinnere, wie eine Symphonie von *Gustav Mahler* wirkt und welche Gestalt erlebbar wird, wenn *Klemperer* sie dirigiert, und wie dieselbe Symphonie wirkt, wenn sie von einem braven Routinier dirigiert wird. Was geht in beiden Fällen in diesem Gehäuse vor? Verschiedenartige Energiewirkung im *gleichen* Gehäuse durch den *gleichen* Stoff! Das eine Mal haben wir es mit dem instinktsicheren, „begabten" Empfinden, Erkennen und damit Wirksammachen der Zielrichtung der Energie zu tun, — das andere Mal mit dem den gegebenen Vorschriften entsprechenden Klingenmachen des Notenbildes der Partitur; dies Klingenmachen vermischt mit dem Niederschlag des persönlichen „Temperamentes", dem Produkt von zufälligen Instinktrestwirkungen und von „In-Stimmung-Sein". Umgekehrt kann aber auch — was noch viel drastischer und überzeugender für die sekundäre Rolle des Stoffes spricht — *in dem ganz und gar veränderten Stoff, in einem bis zur Unkenntlichkeit entstellten Gehäuse die grundsätzlich gleiche energetische Situation geschaffen werden*! Ich meine das, was bei den jedem bekannten „Variationen über ein bekanntes Thema" vor sich geht. Trotz gekünstelter Veränderungen und Verzerrungen des Klanggehäuses, trotz gleichzeitiger vollkommener Verwischung jener „Elemente" Rhythmus, Harmonie und Melodie, kann doch stets das *Wesentliche* des ursprünglichen Themas erkennbar bleiben, ohne daß auch nur „eine Note" aus dem ursprünglichen Thema dabei zu erklingen braucht! Noch überzeugender — den naheliegenden Einwand der Gedächtnisnachwirkung des vorher gespielten oder schon genannten Themas ausschaltend — ist es, wenn man die Variation als „Rätsel" benutzt: Wenn man mit der Variation über ein dem Hörer bekanntes Thema (etwa über ein Volkslied) *anfängt*, das Thema vorher weder spielt noch nennt und allein aus den Variationen erkennen läßt, welches Thema gemeint ist. Auch in diesem Fall kann jeder — auch wenn das Gehäuse, der Stoff bis zum letzten Element verändert worden war — das zugrunde liegende Thema „erraten". Mit nichts anderem läßt sich so überzeugend verdeutlichen, daß die „Grundlagen" unserer Musik — Rhythmus, Melodie, Harmonie — sekundäre Stoffeigentümlichkeiten sind. Je mehr der Zuhörer dabei auf den *Stoff* achtet, desto mehr wird er durch Stoffveränderungen, durch Abweichungen vom Gewohnten irregeführt. Je weniger er überhaupt *zu*hört, das heißt, je vollkommener er nur den Energieverlauf auf sich wirken läßt, desto schneller drängt sich das in seinen wesentlichen Spannungsbeziehungen — auch bei völliger Stoffveränderung — gleich gebliebene Urbild auf, — desto leichter und sicherer kann „erraten" (empfunden und erkannt) werden, was gemeint ist.

Das *Zu*hören, das Richten der beobachtenden und messenden Aufmerksamkeit auf den Klang*stoff* muß notgedrungen zum Hängenbleiben an stofflichen Einzelheiten und Eigentümlichkeiten, an — im Sinne des Gesamtverlaufes — Akzidentellem führen. Das übliche *Zu*hören *verhindert* geradezu das Erkennen der gesetzmäßigen Beziehungen. Um Gesetzmäßigkeiten empfinden und auffinden zu können, um nicht vom Akzidentellen des Stoffes abgelenkt zu werden, müssen wir auch beim Erleben und Untersuchen von Klangzusammenhängen unsere Einstellung und unsere „Hör"-Richtung *von Grund aus ändern, eine grundsätzliche Wendung in unserem Verhalten zum musikalischen „Stoff" vornehmen*. Damit kommen wir zur psychologischen Seite des Problems, zur Untersuchung der Verhaltensqualität, die für jeden notwendig wird, wenn er durch praktische Erfahrung bei Ausdruck und Eindruck Bestätigung und Vertiefung des bisher Gesagten gewinnen will. Hierbei ist zur Verdeutlichung und zum Überzeugtwerden die selbsttätige Erfahrung an Klangerlebnissen durch nichts und in keiner Weise zu ersetzen. Ich bitte Sie deshalb, das nun noch Folgende wirklich nur als gröbste Andeutungen aufzufassen.

Auch hier können uns Notenbeispiele, die doch nur dem musikalisch Gebildeten und Verbildeten verständlich wären und auch für diesen meist nur Stoff blieben, nichts helfen. Wie schon gesagt, wäre eine *eindeutige* Illustration nur durch Phonogramme möglich oder höchstens noch durch eine von der Notenschrift (Stoffaufzeichnung) abweichende, unabhängige, dem Leser noch nicht geläufige Art der graphischen Darstellung von energetischen Vorgängen. Wir sind daran gewöhnt worden, sobald wir Musik „aufnehmen" wollen, besonders gut *zu*zuhören, mit gespannter Aufmerksamkeit nach *außen* – auf den Stoff der Musik – zu horchen. Als Ideal für das geglückte „Aufnehmen" von Musik gilt, daß der Hörer möglichst alle Einzelheiten des Klanggehäuses unterscheiden, sondern und erkennen kann, – daß ihm möglichst viel von der *Einzel*konstruktion des Stoffes bewußt wird. Das Ganze nennt sich dann Musik-„Verständnis" – und mit Recht –; denn zugänglich wird auf diese Weise *der* Teil, aber *nur* der Teil des Musikerlebnisses, der sich an den „Kunstverstand", an das intellektuelle Vergnügen der Erkenntnis, wie so etwas gemacht wird, wendet.

Ja, es gibt auf Grund der üblichen Erziehung und Einstellung zur Musik heute genug Menschen, die sich schon nicht mehr ungestört und unbefangen dem Eindruck eines Musikstückes und ihrem Vergnügen der Stoffbeobachtung hingeben können, wenn sie vorher nicht auch genau wissen, von wem das Stück ist und möglichst auch noch, welche Opuszahl es hat und in welcher Tonart es ist; denen der Genuß verdorben ist, wenn sie vor Beginn des Konzerts kein Programm mehr bekommen konnten. Während des ganzen Verlaufes müssen sie sich dann den Kopf darüber zerbrechen, von wem das Stück wohl sein könne. Diese Einstellung ist naheliegend und verständlich, da, wenn man schon nichts vom Wesentlichen haben kann, man doch möglichst viel über den Stoff wissen möchte. Und welche Freude, wenn man richtig geraten hat, welch neuer Beweis, wie „musikalisch" man doch ist!

Mit voller Berechtigung erklärt dann auch der „unmusikalische" Laie: „Ich verstehe nichts von Musik." Gleichzeitig aber sagt er, daß er trotzdem „oft" große Freude empfinde, wenn er Musik höre. Dieses „oft" des Laien ist meist aufschlußreicher für die jeweilige Qualität der Produktion – dafür, ob musikalische Energie wirksam geworden ist – als das Urteil des „sachverständigen" Kritikers. Denn „verstehen" kann man – wenn überhaupt – im Sinne von „Freude haben", „Miterleben" nur, wenn die Reproduktion lebendig ist.

Der Laie, dem der Stoff nichts bedeutet, ist so im Grunde der Musik näher als der Fachmann. Er ist weder durch einen künstlich organisierten Stoff noch durch eine besonders virtuose Darstellung zu bestechen, noch kommt er in Gefahr, sich mit Hilfe seines Verständnisses unbewußt für das Fehlen des Wesentlichen schadlos zu halten. Mit dem Musik-„Verständnis" sucht man jenen Teil des Vergnügens, den man auch bei der Musik haben kann, jenes Vergnügen des „Bescheidwissens", des „Sich-orientieren-Könnens", das wir bei *allem*, was von außen an uns herantritt, haben können. Die übliche Überschätzung des Musik-„Verständnisses" ist um so verwunderlicher, wenn man bedenkt, daß es doch gerade als die charakteristischste Eigentümlichkeit der Musik gilt, „daß die Klänge *unmittelbar*, ohne Umweg über Intellekt oder Verständnis, zu uns sprechen". Die Möglichkeit der Reaktion auf das Wesentliche der Musik, auf *die* Art von Auswirkungen, die einzig und allein *ihr* vorbehalten ist und die sie von allen anderen Ausdrucksarten zu unterscheiden scheint, wird aber durch das Streben nach „Verständnis" von vornherein verbaut. Ich sage: „die sie zu unterscheiden *scheint*"; denn die Verhältnisse liegen im Grunde überall gleich. *Im gleichen Sinne wie bei der Musik haben wir unser unzweckmäßiges Verhalten beim Erfahren auf allen anderen Gebieten – einerlei, ob Farbe, Linie, Raum, Wort oder Körperbewegung – nachzuprüfen und Stoff und Funktionen wieder deutlich zu scheiden.* Wir können nie und nirgends etwas wirklich *verstehen*, wenn wir es nicht zuvor *vernommen* haben. Auch hier erleben wir, wie nur „Vernunft" den Zugang zur Funktion öffnet, „Verstand" nur Auskunft über den Stoff erhält. Durch das Richten der Aufmerksamkeit nach *außen*, auf den Stoff, verhindern wir in uns das Entstehen jenes Zustandes gelöster Bereitschaft, in dem allein nicht mehr die einzelnen Klangeindrücke, sondern die durch den *Ablauf* zwischen ihnen entstehenden Energien, Spannungs- und Lösungsprozesse sich ungestört in uns auswirken können. Wie sehr falsche Aktivität gegenüber Eindrücken zur Selbstverständlichkeit auch auf allen anderen Ausdrucksgebieten geworden ist, zeigt deutlich der Sprachgebrauch mit dem Worte „auf-*nehmen*". Dieses Wort ist ebenso drastisch bezeichnend und aufschlußreich wie das Reden vom Musik-*Machen*. Aber nicht genug, daß, statt zu „empfangen", wir Musik „auf-*nehmen*" wollen, – wir suchen auch noch zu *begreifen*, wo wir uns zunächst nur dürften *ergreifen* lassen! Das Wesentliche, das beim Empfangen eines lebendigen Eindrucks — gleichgültig, ob er von außen oder aus der Vorstellung kommt — stets zuerst vor sich gehen müßte, kann nicht treffender als mit den Worten „ergreifend", „packend", „rührend", „hinreißend" usw. gesagt werden. Immer müssen wir etwas mit uns oder in uns *geschehen lassen*! Das nach außen gerichtete Verhalten, das *Aufnehmen-Wollen* und *Begreifen-Wollen*, diese den Klangeindrücken entgegengesandte Aufmerksamkeit ist uns so in Fleisch und Blut übergegangen, daß wir schon dem Säugling in der Wiege zurufen: „Hör mal hübsch zu", —„Hörst du, wie fein das klingt?" — wenn wir ihm eine Rassel vor dem Ohr herumschütteln oder ihm etwas vorsummen oder wenn von irgendwoher eine Uhr schlägt. Niemandem scheint der groteske Unfug bewußt zu werden, der dahinter steckt. (So früh schon fängt jene hemmungserzeugende, falsche Lenkung der Aufmerksamkeit an, von der zu Anfang als Störungsquelle bei dem „Unmusikalischen" die Rede war!) Solange wir nicht einen schalldichten Helm auf dem Kopf tragen, empfangen unsere Sinnesorgane jeden akustischen Eindruck, gleichgültig, ob es uns bewußt wird, was geklungen hat oder gar *wie* (!) es geklungen hat. *Das Erlebnis musikalischen Geschehens ist völlig unabhängig von der mehr oder weniger bewußten Wahrnehmung von Klangfolgen und von dem Erkennen von Einzelheiten des Stoffes.*

Das, worauf aber heute allgemein und systematisch die Aufmerksamkeit des Hörers gelenkt wird, was Gegenstand sogenannter Gehörbildung ist — die Schulung der Meßfähigkeit, das möglichst weitgehende Analysieren und Erkennenkönnen von Einzelheiten des Klanggehäuses —, bezieht sich ebenso wie die Anleitung zur Beherrschung von Instrumentaltechniken nur auf das Sekundäre des Musikerlebnisses, auf das, was wir als „Stoff" bezeichnet haben. Aus dem gleichen Grund ist jede Einführung, jede Anleitung auf Umwegen über andere Gebiete, durch Bilder oder Begriffe, auch jede Anregung zu musikalischen Äußerungen, etwa auf dem Umwege über das Vertonen von Worten, abzulehnen. *All das kann nur vom Wesentlichen wegführen.* Die Lenkung der Aufmerksamkeit auf etwas „außerhalb" des Hörers wirkt nicht nur erschwerend, sondern kann das Entstehen eines Musikerlebnisses, das Ablaufenlassen der Energieleistung in ihm selbst ganz und gar verhindern.[1] Auch auf ein und derselben Antenne

1 Der „Unmusikalische" versagt auch oft in seinen Urteilen, weil er zu angestrengt zuhört, weil er sich mit seiner Aufmerksamkeit an den „Stoff" und dabei wieder an eine Teileigenschaft der isolierten Klänge, an ihre „Höhe", oder besser *Helligkeit*, „klammert". Dadurch ist er nicht nur unfähig, eine Energiewirkung zu empfinden, sondern er kann auch nicht auf die Gesamtqualität des Einzelklanges, in der die Helligkeit die geringste charakteristische Rolle spielt, reagieren. An dieser Gesamtqualität, an der Physiognomie dieses Klanges könnte er sogar den Einzelklang jederzeit mit *Sicherheit* wiedererkennen. Man kann hier vom „Unmusikalischen" mit Recht sagen: Er sieht den Wald vor lauter Bäumen nicht, er „erfaßt" Musik vor lauter Klängen nicht.

kann man nicht zu gleicher Zeit senden und empfangen! Wieviel richtiger ist doch der technische Sprachgebrauch, der nicht von „aufnehmen", sondern von empfangen spricht! Auf das Empfangen müßten wir uns nämlich bei allen Eindrücken, die von außen kommen, beschränken, *bevor* wir etwas von ihnen und über sie *wissen* wollen! Das hier Gesagte gilt in gleicher Weise für die Äußerung. Wer etwas äußern will – gleichgültig, ob er sich den *Stoff* dafür gleichzeitig selbst schafft oder nur von anderen gegebenen Stoff reproduziert –, muß das zu Äußernde genauso vorher in sich vernommen haben, muß nach einem inneren Diktat handeln, wie der nur „Aufnehmende" auf ein Diktat von außen reagiert.

Nun können wir von einer anderen Seite – ohne Bilder aus Architektur oder Elektrizität – noch einmal sagen, was mit „Stoff" gemeint ist: *Stoff ist, was sich aufdrängt, wenn ich zuhöre, wenn ich meine Aufmerksamkeit auf die Klänge richte. Musik – Klangenergie – ist, was empfindbar wird, wenn ich mich gelassen (körperlich entspannt, gelöst), „empfangend" verhalte und nur reagiere.* Also *nicht mehr zuhören* (eine recht schwierige Aufgabe für jeden Menschen, der unsere Erziehung gehabt hat!), – nicht mehr die Aufmerksamkeit nach außen lenken, nicht mehr auf*nehmen* wollen, sondern empfangsbereit sein, gelassen lauschbereit sein! Dieses Verhalten muß als Voraussetzung vom Hörer gefordert werden, wenn er eindeutig und klar des Wesentliche der Musik, das Gesetzmäßige der Verläufe und ihrer Abweichungen, die „Möglichkeiten" in der Musik empfinden, finden, erkennen, sondern und *äußern* können soll. Nicht stets zur Unzulänglichkeit verurteilte Versuche zur Erlangung eines Musik-„Verständnisses" durch Stoffbetrachtung oder -behorchung, sondern Entwicklung eines klaren Musikempfindens durch Appell an das in jedem Menschen latente Funktionsbewußtsein! Sobald wir uns im eben angedeuteten Sinne wirklich empfangsbereit verhalten, den Klangenergien nur *gestatten*, sich unbehindert in uns auszuwirken, indem wir ihrem Ablauf keinerlei Widerstand mehr entgegensetzen, gelingt es jederzeit, alle ihnen entsprechenden Funktionen in uns zur Auslösung kommen zu lassen. Je konsequenter die Abwendung von der Stoffbetrachtung durchgeführt wird, je mehr wir uns von der Angewohnheit des *Zu*hörens frei machen, desto leichter und sicherer gelingt es, auf die durch den klanglichen Ablauf entstehenden Spannungen und Lösungszustände zu *reagieren*, desto leichter können die entsprechenden Funktionen in uns ausgelöst werden, desto sicherer können wir ihre verschiedenen Arten auseinanderhalten. *Dieses bewußte Erfahren dessen, was in uns geschieht,* – das heißt die Konstatierung des Bestehens oder Nicht-Bestehens von Spannungszuständen, der Auswirkung von Energien in uns – sichert jederzeit untrüglich eine Unterscheidung und Einordnung der verschiedenen Funktionen, die durch die jeweiligen Klangzusammenhänge zur Auslösung gebracht werden. So schwierig und unzuverlässig es ist, auf den Stoff horchend die Eigentümlichkeiten eines Klanggehäuses durch messende Beobachtung festzustellen, so leicht und untrüglich ist es, Funktionen und Reaktionen, die durch den jeweiligen Klangablauf in uns ausgelöst werden, in ihren verschiedenen Arten zu empfinden, zu erkennen, zu sondern, — sich ihrer bewußt zu werden.

Die Forderung, nicht auf den „Stoff" zu achten, sondern den Ablauf in sich zu empfinden, ausgelöste Funktionen zu empfinden, sich über die betreffende Empfindung Rechenschaft zu geben, sie von anderen Arten der Empfindung zu unterscheiden, bedeutet wohlgemerkt nicht, daß damit nach subjektiven Meinungen, nach „Gefühlen", nach Urteilen über schön und häßlich, angenehm und unangenehm, Wert und Unwert der konstatierten Empfindungen gefragt wird. Ganz im Gegenteil! Es kommt allein darauf an (und das ist in der Praxis viel leichter zu erreichen, als man glaubt!), sich zunächst nur — wie ein registrierender Apparat — Zustände und Zustandsänderungen bewußt werden zu lassen, ohne danach zu fragen, welche subjektiven Wirkungen man dabei empfindet und welche Meinungen man darüber hat. *Dieses Verhalten ist die erste und wichtigste Voraussetzung, unter der allein es gelingt, gesetzmäßige Vorgänge in Klangzusammenhängen jederzeit und sicher zu erkennen.* Sobald wir dieses empfangsbereite Verhalten deutlich empfinden und vom Einsetzen eigener Aktivität unterscheiden können, merken wir auch, daß es sich nicht um ein Verhalten handelt, das allein beim Erfahren — Empfangen von Eindrücken — in Betracht kommt. Auch für jede *Äußerung* bestehen die gleichen Voraussetzungen, — Funktionen, die nichts brauchen als die *Erlaubnis* zu funktionieren: Funktionen, die, nachdem durch ein Äußerungsbedürfnis ein Impuls gegeben ist, nun, sofern wir uns gelassen verhalten, ohne unser Zutun ihrer Gesetzmäßigkeit gemäß ablaufen. Es ist der Zustand, in dem uns das zu Äußernde durch das ungestörte Ablaufen von Funktionen gewissermaßen „diktiert" wird, zuwächst.

Wir erfahren durch das Erleben bestimmter Klangbeziehungsresultate deutlich und überzeugend, daß es in uns eine Funktionsfähigkeit, ein latentes *Es* gibt, dem wir stets nur zu erlauben brauchen, sich auszuwirken, — das sich überall besser orientiert und das klarer und sicherer produziert als das durch ein nur unvollkommenes Wissen irritierte *Ich*. *Ich* und *Es* werden hier nicht als Bilder, als Symbole für irgendwelche geheimnisvollen Kräfte, auch nicht als Ersatz für das „Bewußte" und das „Unbewußte" gebraucht. Das *Es* kann sehr wohl aufhören, „unbewußt" zu sein, bleibt aber trotzdem *Es*. Ich gebrauche diese beiden Worte nur als — allerdings aufschlußreiche — Abkürzungen. Mit Metaphysik hat ihre Verwendung hier genausowenig zu tun wie früher die Verwendung des Wortes objektiv. *Es* und *Ich* sind in keinem anderen als in ihrem ursprünglichen Sprachsinn gebraucht: als der Ausdruck für zwei grundsätzlich verschiedene Funktionen! *Es* ist das, was erkennbar wird, wenn es uns gelingt, uns gelassen zu verhalten, das heißt die „Aktivität" des *Ich* auszuschalten. *Es* ist nichts weiter als der Ausdruck des ungestörten Ablaufes latenter gesetzmäßiger Funktionen. Es gibt den Maßstab für das „Notwendige". *Ich* orientiert sich an ihm. *Ich* ist der Ausdruck bewußter oder unbewußter Aktivität, — bedeutet die Fähigkeit, unter den neben den gesetzmäßigen Notwendigkeiten zur Verfügung stehenden Abweichmöglichkeiten gestaltend, Zweck, Ziel und Absicht verfolgend, zu wählen. Jeder, auch der „Unmusikalischste" ist leicht dazu zu bringen, diese Verhaltensunterschiede deutlich zu empfinden.

Aber so leicht das in der Praxis möglich ist, so schwer ist es, dieses Entscheidende ohne Hilfe von Klangerlebnissen wirklich deutlich werden zu lassen. Es bleibt auf alle Fälle unbefriedigend und mißverständlich, davon *reden* zu müssen. Jeder vorzeitig abgebrochene Klangzusammenhang kann von jedermann beendet werden, wenn er die Klangenergien als solche wirksam werden und die angefangene Arbeitsleistung zu Ende gehen läßt. Man braucht dem *Es* nur zu vertrauen, den begonnenen Verlauf nur weiter wirken zu lassen, man braucht — im wahren Sinne des Wortes — nur den Mund aufzutun und Atem zur Verfügung haben, und alles andere kommt von selbst: „*Es* geht von selbst." Und wie in solchen primitiven Situationen, so wirkt sich bei zweckmäßiger Anordnung und bei zweckmäßigem Aufbau der Erfahrungsgelegenheiten die gleiche latente Funktionsfähigkeit als Voraussetzung produktiver Äußerung wie als latente Grundlage untrüglicher Orientierung aus. Sie gestattet sichere Orientierung sowohl im Energieverlauf wie im Stoff und auch in komplizierten musikalischen Situationen und Gebilden.

Je deutlicher wir den von keiner Absicht gestörten Ablauf und die Auswirkungen dieser Funktionen empfinden und erkennen können, desto deutlicher empfinden wir natürlich — als Kontrast — auch das Einsetzen von Aktivität (des Gebrauchs von „Möglichkeiten") bei Äußerungen. — Aller beabsichtigte Eindruck ist nur denkbar auf Grund weniger Möglichkeiten, vom Gesetzmäßigen abzuweichen. Zustandekommen kann er nur auf der Grundlage von Erwartetem, von latentem Gesetzmäßigen. Dieses „Erwartete" kann auf zweierlei Art wirksam werden: entweder durch Befriedigung der Erwartung oder dadurch, daß Erwartungen erregt werden, um die Voraussetzung für jene Wirkungen zu schaffen, die nur durch Vermeiden von Erwartetem, etwa als Überraschung oder Verzögerung, entstehen können. Um diese beiden Möglichkeiten als Grundlage für die Orientierung benutzen zu können, kommt es für die Praxis darauf an, einen Zustand der Gelassenheit (nicht Schlaffheit), Offenheit gegenüber dem

Eindruck zu erreichen und genau prüfen, beurteilen zu können. Es gelingt dann von selbst, auch die Orientierung über das aktive *Ich* zu gewinnen, das Einsetzen von Aktivität nicht nur einwandfrei konstatieren, sondern so weit regulieren zu können, daß es auch bei der *Äußerung* Funktionen ungestört ablaufen läßt. Auf dieser Grundlage ist es leicht, auch beim Sichäußern allein auf Grund des klaren Empfindens für die latente Ablauftendenz *bewußt* — vom Notwendigen abweichend — unter Möglichkeiten zu wählen. Das sind selbstverständliche Folgen. Das Notwendige wird genauso stets erst erkennbar durch das Vorhandensein des Möglichen, wie das Mögliche allein erkennbar ist durch die Existenz des Notwendigen. Es kommt darauf an, der Auswirkung von Energien, dem Ablauf von Funktionen weder Widerstände entgegenzusetzen, noch durch voreilige Urteilsbereitschaft den Ablauf zu stören, wenn wir Gesetzmäßigkeiten in ihrer Auswirkung klar erkennen, abgrenzen und beurteilen wollen und auch wenn wir sie beim Ausdruck verwenden wollen.
Die Entwicklung der Fähigkeit zur bewußten Kontrolle erlaubt es, jedes Entstehen von Wirkungsabsicht deutlich zu erkennen. Es ist dabei gleichgültig, ob es sich um die Erfahrung des Resultates von Äußerungen anderer oder um die Erfahrung der eigenen Äußerung handelt. Mit diesem wiedergewonnenen untrüglichen „inneren Maßstab" kann *jeder* den einzig notwendigen Ablauf in einer exakt umrissenen Situation von den verschiedenen Ablauf-„Möglichkeiten" unterscheiden, kann jeder feststellen, wieweit und an welcher Stelle produktive Aktivität (beabsichtigte — bewußte oder unfreiwillige — unbewußte), den gesetzmäßigen Ablauf (den Weg der „absoluten Musik") vermeidend, unter vorhandenen Möglichkeiten wählt. So kann man auch bei klanglichen Abläufen sicher „notwendig" und „möglich" unterscheiden, sobald man die Klärung nicht mehr in der Stoffanalyse und Stoffbetrachtung sucht, sondern sich an Spannungsprozessen, Wirkungsrichtung und Arbeitsleistung von Energien *in sich* orientiert. Wir brauchen, um uns zu orientieren, bei neuen Eindrücken nur mit dem in uns latenten, nunmehr klar bewußten Empfinden für die entsprechende gesetzmäßige Funktion *zu vergleichen*! Damit gewinnen wir auch eine zuverlässige Grundlage für jede ästhetische Orientierung. Sind wir doch nur dadurch fähig festzustellen, daß zum Beispiel etwas sinnlos „abgebrochen" wurde, daß in uns durch die geweckte Erwartung die Empfindung der Notwendigkeit eines *bestimmten* weiteren Verlaufes latent geworden war. Ob etwas „abgebrochen" oder „unterbrochen", ob etwas „zu kurz" oder „zu lang" usw. ist, können wir auch nur aus dem gleichen Grunde unterscheiden. *Zu* lang oder *zu* kurz bedeutet dabei keinerlei Bewertung, sondern nur eine Konstatierung; denn die beabsichtigte Wirkung kann gerade auf diesem *„Zu"* begründet sein. Jede beabsichtigte Wirkung dieser Art ist nur dadurch denkbar, daß man, bewußt

oder unbewußt, auf alle Fälle aber immer *aktiv wählend*, vom absoluten Vorbild, hier also von der „absoluten Musik" abweicht. Sie ist dadurch möglich, daß man die latente, als *notwendige* Lösung empfundene, erwartete und versprochene Fortführung umgeht. Nur dadurch, daß die Empfindung für eine notwendige Entwicklung in uns entfaltet wird, ist es erst möglich, die davon abweichenden Arten als solche zu erkennen. Es gehört nicht mehr in den Zusammenhang dieser Auseinandersetzung zu fragen, *warum* im einzelnen Falle gerade diese oder jene Möglichkeit gewählt wurde. Die Entscheidung für eine bestimmte Möglichkeit kann aus überlegener Absicht, aber auch aus Ungeschick und Unklarheit getroffen werden. Hier liegt das Kriterium dafür, ob ein Ausdruck oder ein Werk „gelungen" ist; denn der allein ist der „Meister", der wirklich zu *wählen* versteht.

Erst wenn die Fähigkeit, zwischen den im Sichäußern wie im Ausgedrückten deutlich erkennbaren Auswirkungen von „Aktivität" und „Passivität" klar zu unterscheiden, soweit entfaltet ist, daß eine Lenkung der Aufmerksamkeit auf den Stoff sie nicht mehr stören und verwirren kann, sind Fragen nach dem „Wodurch" und „Warum", soweit sie durch die Untersuchung des Stoffes beantwortet werden können, sinnvoll. Das gilt sowohl für das Kind wie für den Erwachsenen, bei dem die Verhältnisse insofern etwas schwieriger liegen, als bei ihm zuvor noch der Erziehungsschutt abgebaut werden muß. Daß das verhältnismäßig leicht möglich ist, habe ich schon angedeutet. Ist die ungestörte Reaktions- und Funktionsbereitschaft wieder vorhanden, so können wir nicht nur sicher zwischen Stoff und Energiewirkung, zwischen Resultat von „Aktivität" und von „Passivität", zwischen möglich und notwendig, zwischen Gesetz und Abweichung unterscheiden, sondern auf Grund der gleichen Funktionen können wir uns dann auch in den Quantenverhältnissen des Stoffes erstaunlich klar und sicher orientieren. Die verwirrendste Vielheit des Akzidentellen wird zur leicht erkennbaren und leicht einzuordnenden Variante ein und desselben. „Aktivität" braucht nur im Impuls zur Äußerung, in der ersten Initiative, wirksam zu sein. Weder zur Konzentration, noch zur Vorstellung, noch zum Erfinden brauchen wir etwas Besonderes zu „tun". Wir brauchen Vorstellungen nur zu erlauben, aufzutauchen. Auch die tiefste oder nur die tiefste Konzentration ist nichts an sich Geübtes, — nicht etwas, das erst gelernt werden muß, und keineswegs ein *besonderes* Ziel. Sie ist immer nur selbstverständliches Resultat einer gelassenen vollen Hingabe an Funktionen in uns.

Da wir in uns einen gewissen Grad von Reaktions- und Funktionsbereitschaft erst wieder entstehen lassen und sichern müssen, ist als Voraussetzung für die Verbreitung, Durchführung und Auswirkung der bisher entwickelten Grundgedanken zunächst eine *pädagogische* Vorarbeit nötig. Jeder, der sich in unserem Sinne mit

Musik beschäftigen will, sei es als ausübender Musiker, sei es als Pädagoge, als Psychologe, Theoretiker oder Ästhetiker, muß diese Funktionsfähigkeit sicher in sich selbst entwickelt haben, bevor er erwarten kann, selbständig eindeutige Aufschlüsse zu finden. Dazu ist wiederum keine neue komplizierte „Methode“ notwendig. Es handelt sich dabei auch nicht um die Auseinandersetzung mit ausgedachten Theorien und Hypothesen, mit Dingen, die erst noch zu erproben und zu beweisen sind. Es handelt sich um den *Niederschlag* tausendfältiger *praktischer Erfahrungen*, um die Anwendung der Resultate aus vielen Tausenden von gleichartig verlaufenen Versuchen, um die Durchführung von Einsichten, die im Grund nichts sind als ein paar primitive Wahrheiten.

Es liegt auf der Hand, welchen Gewinn an Sachlichkeit und Klarheit, an Einsichten und zuverlässigen Orientierungsmöglichkeiten die bisherigen Feststellungen für das, was sich bis heute mit wenig Recht Musik-„Wissenschaft“ und allgemeine Kunst-„Wissenschaft“ nennt, bedeuten können. Für das Entstehen und Bestehen einer wirklich lebendigen Kultur ist das, was *jeder einzelne* für sich persönlich von einer derartigen Arbeit haben kann, sicher noch entscheidender. Das Kennenlernen und Vertrautwerden mit den bei gelöstem, gelassenem Verhalten wirksam werdenden selbstordnenden und gestaltenden Kräften in uns, das Bewußt-werden-Lassen und Auslösenkönnen jener latenten Fähigkeiten, in denen sich das *Es* bemerkbar macht, wirkt in überraschender Weise auf die Entwicklung der Ausdrucksfreiheit. Das Erlebnis des Entdeckens gesetzmäßiger, vom einzelnen bis dahin nur unklar gefühlter, in Wirklichkeit aber klar erkennbarer Funktionen, — das Überzeugtwerden von der Fähigkeit, diese Funktionen jederzeit in sich selbst wie in jedem anderen zur Auslösung bringen zu können, bedeutet eine große *Ermutigung* und Steigerung des Vertrauens zur eigenen Ausdrucksfähigkeit. Wir haben geklärt, welch bedeutsame Rolle die Ermutigung für die Überwindung von Äußerungshemmungen spielt. Vielleicht wird jetzt noch deutlicher, von wieviel Seiten her gleichzeitig in dieser Richtung gewirkt werden kann. Man merkt sehr bald, daß man sich auf die Gesetzmäßigkeit in sich selbst, auf das Wirken des *Es* mit größerer Sicherheit verlassen kann als auf noch so intensiv geübte technische Fertigkeiten und einen noch so glänzend geschulten Verstand. Was wir damit gewinnen und bewußt zur Verfügung bekommen können, ist das Verhalten, zu dem jeder „Schaffende“, jeder produzierende „Künstler“ unwillkürlich, meist nur halbbewußt — deshalb selten wirklich sicher und nur zeitweise, nur beim „In-Stimmung-Sein“ sich auswirkend — kommt. Es ist das gleiche *Verhalten, wie es unbewußt allen Äußerungen des unbefangenen, noch nicht geschulten Kindes zugrunde liegt.* Hier ist die Erklärung für die Erscheinung der fälschlich so genannten Kinder-„Kunst“

und für die scheinbaren Beziehungen zwischen Kinder-„Kunst" und Kunst. Beim unverstörten Kind hindert das reflektierende und aktiv werdende *Ich* die ungestörten Abläufe latenter Funktionen, die Auswirkungen des *Es noch* nicht oder viel seltener und schwächer als beim Erwachsenen. Das Kind *reagiert*; es reagiert noch nach innen wie nach außen. Die Störung und Verstörung setzt gewöhnlich mit dem Beginn systematischer Unterweisung ein; das heißt, mit der systematischen Lenkung der Aufmerksamkeit auf den Stoff, mit dem Beibringenwollen von Stoff, mit der Gewöhnung an Stoffbetrachtung als Orientierungs- und Auskunftsmittel, — mit dem Ablenken von den Orientierungsmöglichkeiten *in uns selbst*, von denen das Kind *noch nichts* bewußt weiß, der Erwachsene *nichts mehr* weiß.
Der Künstler und genauso der entdeckende Gelehrte sind diejenigen, denen dieses „kindliche" Verhalten erhalten geblieben ist oder, was noch häufiger der Fall ist, die es sich nach Kämpfen und Umwegen wieder errungen haben. So wenig dieses Verhalten Zufallsprivileg zu sein braucht, so wenig braucht es beim Einsetzen des Bewußtwerdens verlorenzugehen. *Wir haben es in der Hand, das Bewußt-werden-Lassen durch Schaffung bestimmter Erfahrungsgelegenheiten so zu lenken, daß es nicht störend und zerstörend wirkt.* Wo das bereits geschehen ist, kann aber *jeder* wieder reagieren und funktionieren, sobald er von der Stoffeinstellung befreit ist, unter der die überall latenten Fähigkeiten vergraben liegen.
Wäre das ungehemmte Sichäußern *Charakteristikum* der Kunst, dann wären allerdings alle Kinder „Künstler", und alle Menschen müßten durch die Wiedergewinnung ihrer Ausdrucksfähigkeit „Künstler" werden können. Diese Funktionen sind aber nichts weiter als die unentbehrliche Voraussetzung für *allen* spontanen Ausdruck wie für *alles* Gestaltenkönnen. Da diese Funktionen mit den *Inhalten* nichts zu tun haben, sind nicht nur Kinder niemals „Künstler", sondern es sind auch die meisten „Künstler" keine Künstler! Ihr einzig Besonderes, ihr „Künstlerisches" beruht meist nur auf der relativ seltenen ungehemmten Äußerungsfähigkeit, nicht aber auf Ungewöhnlichkeit und Originalität ihrer Äußerungen.
Wir sehen also, daß mit der Entwicklung der *allgemeinen* Ausdrucksfähigkeit — der *Voraussetzung für eine lebendige Kultur — auch die Kunst nur gewinnen kann.* Sie wird sich dann erst — allerdings als ein gegenüber der heutigen Ausdehnung nur noch verschwindend kleiner Bereich — rein und deutlich von den *allen möglichen* Leistungen einer nur zufällig ungehemmten Äußerungsfähigkeit, die jetzt ob ihrer relativen Seltenheit fälschlich als „Kunst" eingeschätzt werden, abheben.
Es ist hier für die Musik dargelegt worden, daß sich das Wesentliche stets nur durch Abkehr vom Stoff erschließt und daß es sich *jedem* durch die Gewinnung eines ganz

bestimmten Verhaltens erschließen kann. Wenn das wirklich wahr ist, können diese Einsichten und Feststellungen nicht nur für *ein* bestimmtes Gebiet, für *einen* bestimmten Stoff Gültigkeit haben. Das, was ich am Beispiele der Musik zu klären versucht habe, ist etwas so Grundsätzliches, daß wir statt Klang ebensogut Farbe, Linie, Körper, Raum oder Wort setzen könnten. Die wenigen Grundeinsichten und Grundforderungen, die bei der Musik zu bestimmten Schlüssen und Erfahrungen geführt haben, müssen, wenn sie klar erkannt und *konsequent* durchgeführt werden, auch *auf allen anderen Gebieten* zu denselben Resultaten führen. Wir müssen nur dafür sorgen, daß wirklich von den gleichen Grundforderungen ausgegangen wird: *von der scharfen Begrenzung des betreffenden Gebietes; von der Ausschaltung der irreführenden „Kunst"-Einstellung; von der Feststellung der Allgemeinheit aller Ausdrucksmöglichkeiten mit ihren gesetzmäßigen Grundlagen bis zur Vorstellung eines „absoluten" Vorbildes; von der Trennung zwischen absolutem Vorbild und seiner Anwendung im Ausdruck; von der Feststellung des Vorhandenseins von Gesetzmäßigem, von „Notwendigem", und von dadurch gegebenem „Möglichen"; von der Notwendigkeit der Sonderung von Stoff und Funktion; von der Unterscheidung zwischen Möglichkeiten im Stoff und Möglichkeiten im Bereich der Funktionen; und schließlich von jener grundsätzlichen, psychologischen Umstellung, die eine Abkehr vom Stoff, Abkehr vom „Aufnehmen", Ausschaltung des vorzeitigen Verstehen- und Begreifenwollens bedeutet, bis zu der sich daraus von selbst ergebenden praktischen Beweisführung, daß es tatsächlich für alle Gebiete eine allgemeine Ausdrucks- und „Aufnahme"-Fähigkeit gibt.*

1925

Die Befreiung der schöpferischen Kräfte

dargestellt am Beispiele der Musik

Zusammenfassender Bericht über Heinrich Jacobys Vortrag auf der III. Internationalen Pädagogischen Konferenz in Heidelberg am 5. August 1925 und über eine Reihe praktischer Demonstrationen an den nachfolgenden Konferenztagen

Sonderdruck aus:
„Das Werdende Zeitalter" 4. Jahrgang 4. Heft
(Bericht der Dritten Internationalen Pädagogischen Konferenz des Internationalen Arbeitskreises für Erneuerung der Erziehung in Heidelberg vom 2. bis 15. August 1925)

LEOPOLD KLOTZ VERLAG / GOTHA

Die Erhaltung und Befreiung der Ausdrucksfähigkeit – des „Schöpferischen" – im Kinde ist in erster Linie ein Problem der Erziehung der Erzieher und erst im weiteren ein Problem der Erziehung des Kindes. – Unter Erzieher sind dabei nicht nur Eltern und Lehrer zu verstehen, sondern alle Menschen, die sich in der Umgebung eines Kindes befinden. Unbeabsichtigte und der Umgebung unbewußt bleibende Faktoren sind meistens schwerwiegender als bewußte „Erziehungsversuche". Deshalb gehen diese Fragen *jeden* und nicht nur einen Kreis von pädagogisch interessierten Menschen an. Forderungen müssen wir zuerst an die Umgebung – an uns selbst – stellen. Wüchse das Kind zwischen Menschen auf, die ihre eigene Ausdrucksfähigkeit als etwas Selbstverständliches erleben, – die „Befreiung" des Schöpferischen wäre kaum ein Problem, und wir brauchten weder neue psychologische Methoden noch pädagogische Konferenzen!

Die ältere Generation muß zunächst ihre eigenen Hemmungen und Störungen zu überwinden suchen, – sie muß von Vorurteilen und Gedankenlosigkeiten frei werden, die bisher die Einsicht in die Grundlage der Ausdrucks- und „Aufnahme"-fähigkeit und in das Problem der Begabung unmöglich machten. Wie kann der Erzieher ermutigendes Vertrauen zu den schöpferischen Fähigkeiten des anderen spürbar werden lassen, solange er nicht Vertrauen zu seinen eigenen schöpferischen Fähigkeiten hat – vor allem, solange er sie nicht praktisch gebrauchen kann, solange er das den „künstlerisch" „Begabten" überläßt?(!) Die Annahme, daß gewisse Fähigkeiten nur selten sind und ihre Entfaltung schwer zu erreichen ist, in der unsere Generation noch befangen ist, wird unbewußt auf das Kind projiziert. So bereitet man – trotz aller Reformmethoden – unbewußt immer wieder den Boden für das Entstehen der gleichen Hemmungen, Störungen und Entmutigungen, die charakteristisch sind für die ältere Generation.

Mit diesen Überlegungen kommt Heinrich Jacoby zu der Feststellung, daß das Thema der Konferenz vom Kind her gesehen eigentlich hätte heißen können: „Die Entfaltung der schöpferischen Kräfte im *Erzieher*". Er bestreitet, daß irgendeine neue Erziehungseinsicht tiefere Wirkung auf das Kind bekommen kann ohne eine entsprechende Änderung in der persönlichen Entwicklung – in der Gesinnung, im Anderskönnen – und nicht nur im Anderswissen des Erziehers. Die Aufschlüsse bleiben ungenügend und irreführend, solange wir die Ursachen mangelnder Ausdrucksbereitschaft nur im Kinde und vom Kinde aus suchen. Wir kommen nicht entscheidend weiter, solange auch der fortschrittlich eingestellte und ehrlich suchende Erzieher nur neue Hilfsmittel und Methoden für die Behandlung des Kindes kennen lernen und erlernen will, anstatt in der Entwicklung seiner *eigenen* Funktions- und

Leistungsfähigkeit das entscheidende Mittel für die Heranbildung einer neuen Generation zu sehen.
Was ist denn unter dem verschwommenen und mißverständlichen, in allen Erziehungserörterungen der letzten Jahre so viel gebrauchten Begriff des „Schöpferischen" zu verstehen? Was ist mit diesem ungreifbaren Etwas gemeint, das, durch sentimentales Getue und allerlei unklare Kunst- und Begabungsgedanken belastet, eine ernsthafte Verständigung und Klärung so außerordentlich erschwert? Jacoby will unter dem „Schöpferischen" das Wirksamwerden überall latenter Kräfte, nur den Ablauf von Funktionen, Reaktionen *allgemeiner* Art verstanden wissen, – Vorgänge, wie sie *jeder* menschlichen Äußerung und *jeder* Auseinandersetzung mit der Umwelt zugrunde liegen. Alle qualitative wie quantitative Wertung des Resultats, das infolge des ungestörten Funktionierens dieser allgemeinen Fähigkeiten entsteht, ist zunächst unwichtig. Darum lehnt er auch die Annahme der Existenz eines spezifisch „kindlichen" Schöpferischen, sowie Gedanken an „Kunst" unbedingt ab. Er betont immer wieder, daß sowohl die Möglichkeit der Auswirkung dieser Kräfte, als auch die Reaktionsfähigkeit auf Vorstellungen und Eindrücke bei *jedem* latent sind. Wir haben es hier mit allgemeinen Phänomenen und nicht mit einem Spezialproblem der Erziehung zu tun. Was weiterhin über unser praktisches Verhalten gegenüber diesen Phänomenen gesagt wird, kann und muß genauso für den Erwachsenen fruchtbar werden wie für das Kind, wenn auch selbstverständlich in methodisch verschiedener Weise. Am konkreten Beispiel *Musik* versucht Jacoby, den zu gehenden Weg zu zeigen. Was er für die Musik sagt, soll für alle anderen Ausdrucksgebiete Gültigkeit haben.

* * *

Zunächst ist eine Klärung darüber nötig, in welchem Sinne hier der Begriff „Musik" verstanden werden soll. Jacoby sagt: Musik ist ein allgemeines Ausdrucksmittel. Sinn und Bedeutung dieses Satzes werden untersucht und abgewogen. Zuerst: Was ist unter Musik zu verstehen? Soviele Menschen, soviele Auffassungen! Wir müssen bei Musik erst einmal unterscheiden zwischen Klang-Gehäuse und Klang-Wirkung, zwischen den durch Klangbeziehungen ausgelösten Funktionen in uns und unserer rein konstatierenden, wertenden Stellungnahme zu den Eindrücken, die wir empfangen. – Musik kann immer nur das Resultat eines Zueinander-in-Beziehung-Kommens von Klängen sein. Ein einzelner Klang oder ein Zusammenklang bleibt nur ein akustischer Eindruck, nur qualitativ von einem Geräusch unterschieden; er hat noch nichts mit Musik zu tun. – *Musik ist ein* energetischer

Vorgang, und diesem liegen nicht Kunstregeln, sondern allgemein gültige, jedem zugängliche und von jedem erlebbare Gesetze zugrunde. Ist damit eine bestimmte Bedeutung des Begriffes Musik umschrieben, so bleibt zu fragen, wieweit Musik in unserem heutigen Musikbetrieb *Ausdrucksmittel* ist. – Dieser Betrieb ist eingestellt auf *Eindruck*, auf Reproduktion![1]

Als wirkliches Ausdrucksmittel finden wir Musik heute nur noch bei scheinbar besonders „Begnadeten", den sogenannten Komponisten. Allen übrigen verbleibt nur eine mittelbare Ausdrucksmöglichkeit. Sie ist beschränkt auf die Möglichkeit des Auswählens unter den vorhandenen Kompositionen und auf die subjektive Art, in der diese Kompositionen interpretiert werden können. Stets wird dabei Musik als „Kunst" oder als Fach aufgefaßt. Diese Auffassung ist unbegründet und kommt daher, daß Musik infolge von Begabungsvorurteilen und von unzulänglichen Erziehungsmethoden zur Zeit nur selten als Ausdrucksmittel anzutreffen ist. Die Fähigkeit zu produktivem Musizieren wird nur wenigen zugetraut. Jacoby stellt dem die Forderung entgegen, daß jeder sich durch Musik äußern können solle wie durch seine Muttersprache; daß jede Art Musikerziehung von freien klanglichen Äußerungen, von der Entwicklung einer musikalischen Sprechfähigkeit ausgehen müsse, die wir am ehesten mit dem, was man unter „Improvisation" zu verstehen gewohnt ist, vergleichen könnten. Um den mit diesen Forderungen angeschnittenen Fragen gegenüber unbefangen sein zu können, muß man sich daran gewöhnen, bei Musik auf die üblichen Vorstellungen von Kunst und Ausnahmeleistungen zu verzichten.

Ist schon die Auffassung der Musik als energetisches Geschehen anstatt als nach „Kunstregeln" geordnete Klangzusammenhänge oder als klingend gemachte Noten ungewöhnlich, – weicht bereits die Auffassung der Musik als Ausdrucksmittel anstatt als Eindrucksmittel von den bestehenden Verhältnissen ab, so wirkt es zunächst noch befremdender, wenn von Musik als einem allgemeinen Ausdrucksmittel gesprochen wird! Scheint dem doch die sehr große Zahl der sogenannten Unmusikalischen zu widersprechen! Hier setzt Jacoby mit der durch seine langjährige praktische Arbeit mit Tausenden von Menschen und auch durch seine Demonstrationen während der Heidelberger Konferenz bewiesenen Feststellung ein, daß es gar keine „Unmusikalischen" im üblichen Sinne gibt; daß es diese genausowenig gibt, wie etwa Menschen, die nicht laufen oder sprechen, schreiben oder rechnen „lernen" können. Das ist eine *grundlegende Abwendung vom gebräuchlichen Begabungsbegriff nicht nur für die Musik, sondern auch für alle anderen Gebiete*.

1 Das wurde 1925 gesagt

Heinrich Jacoby sagt nicht nur: Es gibt keine „Unmusikalischen", sondern er sagt: es gibt weder „Musikalische" noch „Unmusikalische" und nennt eine neue Arbeit: *Jenseits* von „Musikalisch" und „Unmusikalisch"[1]. Musikalische und Unmusikalische gibt es nur im Sinne einer materialistischen und mechanistischen Musikeinstellung und Zielsetzung. Die Einschätzung als „musikalisch" und „unmusikalisch" hängt ab von der in jeder Epoche anderen Auffassung von Musik und der Tauglichkeit eines Menschen zur praktischen Beteiligung am üblichen Musikbetrieb. „Musikalisch" ist derjenige, welcher mit auditiver, intellektueller und manueller Gewandtheit das Ziel der vor allem reproduktiven Beherrschung des Stoffes der Kunstmusik am sichersten zu erreichen vermag. — Faßt man aber Musik als energetischen Ablauf auf, und geht man von der *spontanen* Äußerung aus, lenkt man die Erfahrbereitschaft eines Menschen auf Klangbeziehungen und Spannungszustände statt auf isolierte Ausschnitte aus dem Klang-Gehäuse, — appelliert man an Funktions- und Reaktionsfähigkeit gegenüber Vorgängen und Abläufen statt an das Messen und Vergleichen von Stoffen, — so hört der Mensch auf, das zu sein, was wir „unmusikalisch" nennen. Jacoby erbringt tatsächlich den praktischen Beweis, daß das mit *jedem* geschehen kann, und beweist, daß das „Unmusikalisch-sein" „heilbar" ist. Es liegt nur an der nicht menschgemäßen Zielsetzung, an der Unterbindung der angeborenen spontanen klanglichen Sprechfähigkeit, am „Beibringen" falscher Beziehungen zu dem Phänomen Musik, wenn die latente Funktionsfähigkeit und Funktionsbereitschaft zunächst gestört erscheinen. Und wie steht es mit dem weitverbreiteten Glauben an eine spezifische „*musikalische*" Gehörbegabung? Dasselbe „schlechte" Gehör benutzt der „Unmusikalische" täglich zur Unterscheidung differenzierter Geräusche und Klänge in seiner Umgebung! Er macht in seiner „Unmusikalität" unbewußt viel feinere Unterscheidungen, als je bei irgendwelchen musikalischen Problemen notwendig werden.[2]

Die Annahme einer allgemeinen Ausdrucks- und Erfindungsfähigkeit kann nur so lange befremden, als einem nicht bewußt ist, daß auch jede Reproduktion — bewußt oder unbewußt — eine Produktion, eine intensive Vorstellung zur Voraussetzung hat; daß *jeder* menschlichen Handlung ein in weitem Sinne schöpferischer Akt zugrunde liegt. — Das „Schöpferische" ist nicht etwas „Zartes", Seltenes, sondern glücklicherweise etwas außerordentlich Widerstandsfähiges. Es kann wohl gehemmt oder verschüttet,

1 Vgl. Heinrich Jacoby, Jenseits von „Musikalisch" und „Unmusikalisch", Verlag Ferd. Enke, Stuttgart 1925.

2 Vgl. Heinrich Jacoby, Grundlagen einer schöpferischen Musikerziehung,
„Die Tat", Märzheft 1922 (Verlag Eug. Diederichs, Jena).

nicht aber vernichtet werden. Die latenten Kräfte und Funktionen können auch noch im Alter zur Entfaltung kommen. Werden wir erst einmal bereit, die Möglichkeit zu erwägen, daß es sich bei Störungen der Äußerungsfähigkeit um etwas überwindbares handeln könnte und nicht um „Unbegabtheit" – nicht um eine naturgegebene persönliche Eigenart –, dann ist es nicht mehr schwierig, die Ursachen der Störungen zu finden und an ihrer Beseitigung zu arbeiten.

Jeder Versuch etwas zu tun, hat eine „Vorstellung" zur Voraussetzung, und die Entwicklung der „Vorstellungs"fähigkeit fängt in der Wiege an. Je klarer und intensiver die „Vorstellung", desto ungehemmter und überzeugender die Äußerung. Der Erzieher hat deshalb zunächst dafür zu sorgen, daß die Grundlage für die Entwicklung der „Vorstellungs"fähigkeit, das Gewinnen von Erfahrungen – sei es im Gehen, Sprechen, Tasten, Summen usw. – nicht schon in frühem Kindesalter gestört wird. Er hat dafür zu sorgen, daß die Aufmerksamkeit nicht auf die ersten Äußerungs- und Bewegungsversuche gelenkt wird, – daß die natürliche Beziehung zwischen „Vorstellung" und Ausführung beim Ablauf von Funktionen nicht durch ein unzeitiges Dazwischentreten von Reflexionen gestört wird. Zur Erhaltung des „Schöpferischen" wird der Erzieher eher etwas unterlassen als etwas tun müssen!

Auch das „Unmusikalisch-Sein" ist meist nur eine Folge von Störungen in der frühen Jugend, – Störungen, die später als Hemmungen in Erscheinung treten. – Dem kleinen Kinde vorzusprechen, bedeutet, seine Aufmerksamkeit verfrüht auf einen sonst in unbewußter Anpassung an die Umgebung verlaufenden Vorgang zu lenken. Für das Sprechen-Lernen ist der einzig natürliche Weg die Anregung zur Wortbildung durch das *unabsichtlich* wirkende Milieu. Und wie beim Sprechen, ist es auf allen anderen Gebieten auch. Je weniger das Kind beachtet und beeinflußt wird, desto sicherer lernt es „richtig" (im Sinne seiner Umgebung) sprechen, singen, laufen usw. Je mehr freie Zeit Eltern für die Beschäftigung mit ihren Kindern haben, desto größerer Verbildungsgefahr sind diese ausgesetzt. Machen wir das kleine Kind auf Töne aufmerksam („horch, wie schön das klingt!"), soll es gar nachsingen und Liedchen lernen, so wird die Aufmerksamkeit zu früh auf Vorgänge und Erscheinungen gelenkt, deren Auslösung und Einordnung in das kindliche Weltbild sich mit der Zeit ganz von selbst einstellen würde. Verbessern, Ablehnen, Belächeln oder gar Verbieten von Äußerungen zieht häufig dauerndes Verstummen nach sich. Nach Jacobys Erfahrungen sind die meisten „Unmusikalischen" durch Gedankenlosigkeit und Ungeschicklichkeit ihrer Umgebung bereits in früher Kindheit *Entmutigte*.

Die Hemmungen, die der Erwachsene dem Kind beim Gehen- oder Sprechen-Lernen durch Störung der natürlichen Entwicklung bei der ihm unbewußten Anpassung an

das Milieu schafft, überwindet jedes Kind unter dem Druck der Lebensnotwendigkeit. Das eine überwindet sie langsamer, das andere schneller; aber überwinden müssen sie sie. Das Leben, die Umgebung lassen hierbei die Suggestion, daß vorhandene Schwierigkeiten Anzeichen von Unbegabtheit seien, nicht aufkommen! Es ist zu selbstverständlich, daß ein *jeder* laufen und sprechen kann! Für musikalische Äußerungen besteht weder die Notwendigkeit des Sich-Äußerns noch der immer wieder ermutigende Einfluß einer Umgebung, die sich „selbstverständlich" musikalisch äußert. Bei der Musik fehlen gerade die wichtigsten Motive und Einflüsse, die sonst die Überwindung einmal entstandener Hemmungen erleichtern. Fast alles „Unmusikalisch-Sein" ist als Folge nicht überwundener psychischer Hemmungen zu verstehen. Außer in den seltenen Fällen physiologischer Anomalien (wie Taubheit) dürfen wir niemals annehmen, daß eine unmittelbare Beziehung zur Musik ausgeschlossen sei!
Der Kampf gegen das Vorurteil von der Unbegabtheit der „Unmusikalischen" stößt größtenteils deswegen auf heftigen Widerstand, weil man immer noch gewohnt ist, bei Musik nicht an ein elementares Ausdrucksmittel, sondern an Kunst, an etwas „Höheres", — nicht an spontane Äußerungen, sondern an Künstler, Konzerte, Symphonien u. dergl. zu denken. Es heißt dann gewöhnlich: „Es kann doch unmöglich jeder ein Beethoven oder Mozart werden"! Aber warum denn sich immer nur auf Spitzenleistungen eines Jahrhunderts berufen, anstatt an die Millionen „Auch"-Künstler, die im gleichen Jahrhundert leben, zu denken?! An der Aufrechterhaltung des bisherigen Zustandes sind im Grunde auch diese „professionellen" Künstler und die „Fach"-Leute durch den Wunsch, ihre Ausnahmestellung und ihre „Überwertigkeit" zu erhalten, interessiert.
Tatsächlich sind alle Möglichkeiten, sind die Fähigkeiten zu jeder Art des Ausdrucks in jedem Menschen latent. Jeder hat die Funktionsfähigkeit für alles Gesetzmäßige dieser Erscheinungswelt in sich. Wenn dieser Satz richtig ist, so verpflichtet er, in der Erziehung Wege zu gehen, durch die er praktische Wahrheit werden kann.
Es geht hierbei nicht um Theorien und Hypothesen, sondern um den *Extrakt aus unzähligen praktischen Versuchen und Erfahrungen*, die Jacoby in der Arbeit mit mehr als tausend Menschen verschiedener Nationen, mit Kindern und Erwachsenen aller Altersstufen gewonnen hat. Jacoby gab den Konferenzteilnehmern wiederholt Gelegenheit, die Entwicklung oder Auswicklung von Personen, die sich für gänzlich „unmusikalisch" hielten — trotz der durch die Anwesenheit eines großen Publikums erschwerten Situation — innerhalb weniger Stunden Schritt für Schritt mitzuerleben. Dadurch gab er zu seiner Feststellung von der Allgemeinheit des Ausdrucksmittels Musik gleich die

praktische Beweisführung. Dies stimmt nach seiner Erfahrung für jeden, der selber den Wunsch hat, sich musikalisch zu äußern.

Wir müssen uns abgewöhnen, es als „Begabung" oder Mangel an „Begabung" zu beurteilen, wenn etwas besonders gut oder besonders schlecht funktioniert. Zuerst müssen wir fragen, ob das Versagen nicht an einer unzweckmäßigen Fragestellung durch die *Gesellschaft* oder an einer falschen Versuchsanordnung liegt. Auch im Bereich der Künste sollte man immer zuerst fragen, ob das Versagen vielleicht am Lehrer und nicht am Schüler liegt.

Der übliche Musik-Unterricht beginnt meistens bereits mit *falschen Fragestellungen*: Man zielt nicht auf die Entwicklung der spontanen Äußerungsfähigkeit, man beginnt nicht mit ihr. Man haftet am Stoff! Das Hauptziel der üblichen Schulung ist, zum „Verständnis" dieses Stoffes und zu seiner technischen Beherrschung für die Zwecke der Reproduktion zu gelangen. Und wie geht man dabei vor! Gleichsam als ob einem Baby die Muttersprache durch Vorsagen von Gedichten und durch Mund- und Zungenstellungsübungen oder durch Nachsprechen-lassen *gesehener* Wortbilder — statt klingender Wörter — „beibringen" wollte! Man behandelt die Schüler oft, als wären sie taub. Sie sollen mit den Augen, dem Verstand und den Händen von den Noten lernen, wie Musik klingt. Bei solchem Verfahren ist der übliche hohe Prozentsatz von Versagern (von „Unmusikalischen" — „Unbegabten") nicht verwunderlich. Sobald man nicht mehr von Noten, Instrumenten, fertigen Musikstücken ausgeht, — nicht zuerst auf den „Stoff", das Klangmaterial achtet, sondern sich an dem, was in ihm und dabei *in einem* selber geschieht, orientiert — sobald man sich daran gewöhnt, Spannungsbeziehungen, Funktionen und Relationen bewußt zu empfinden statt auf Qualität und Quantität von isolierten Stoffausschnitten zu achten, sobald jeder damit *anfängt, seine Klang-Gehäuse selber zu gestalten*, ist ein fruchtbarer Weg musikalischer Erziehung beschritten. Es wird allen später einmal so absurd vorkommen, einen Menschen für „unmusikalisch" zu halten, wie es heute absurd erschiene, wenn man einen Menschen für Schreiben oder gar für Laufen unbegabt hielte.

Zuerst gilt es also, zu spontanen klanglichen Äußerungen anzuregen, mit der *Benutzung der musikalischen „Sprechfähigkeit" zu beginnen!* Um zu verdeutlichen, um was es sich dabei handelt, wurde an das *„Improvisieren"* erinnert. Jacobys praktische Demonstrationen zeigten, daß es sich bei diesen ersten freien Äußerungen für ihn um ein Kräftespiel mit Klangbeziehungen, um Wachsen- und Nachlassen von Spannungen handelt, — daß es sich um Schaffen und Überwinden von Widerständen durch zielgerichtete Klangbeziehungen und nicht um die Gestaltung von im üblichen Sinne geordneten Tonfolgen und Phrasen handelt. über Gestalt und Material solcher Äußerungen werden wir um so zuverlässiger etwas *bewußt* erfahren und wissen, je ungestörter wir die durch Klangbeziehung ausgelösten Funktionen in uns zum Ablauf und zur Auswirkung kommen lassen.[1] Erst hinterher können wir konstatieren, was dabei in uns vorgegangen ist oder durch welche Art von Klangkombinationen diese Funktionen ausgelöst wurden. – Erst hinterher dürfen wir uns fragen, mit was für einem Stoff wir es dabei zu tun hatten! – Wenn man in solcher Weise Schritt für Schritt vorgeht, gibt es – wie gesagt – keine Unmusikalischen. Es öffnet sich dann jedem der unmittelbare Zugang zu musikalischem Geschehen; denn niemand wird mehr – wie bisher – verleitet, zu früh den Klangstoff, das Klang-Gehäuse zu analysieren und zu messen.

Jacoby macht zur Verdeutlichung der zwei Standorte, von denen Musik erlebt und beurteilt werden kann – als Klang-Gehäuse und als Klang-Energie –, einen Vergleich mit den entsprechenden Verhältnissen in der Architektur. Dem Entstehen der Klang-Energie – dem Wesen der Musik – setzt er gleich den Vorgang Raumgestaltung – das Wesen der Architektur. Er benutzt das Bild von Wänden und Decken in ihrem Verhältnis zu dem, erst durch deren In-Beziehung-Sein, empfindbar werdenden *Raum* und vergleicht dies mit dem Verhältnis von Klanggehäuseteilen zu der erst durch zielgerichtetes In-Beziehung-Kommen empfindbar werdenden *Klang-Energie*. Wenn man den Baustoff, die Fassaden und einzelnen Gebäudeteile studiert, ist wohl viel über den Stoff, über Stoffbehandlung und Materialverwendung zu erfahren, – wir lernen die Mittel kennen, durch die der Raum entsteht, – wir kommen zur Akustik, zur Tonarten- und Harmonielehre. Aber Aufschlüsse über den Raum, über Funktionsgesetze des Raums, Aufschlüsse über das Gesetzmäßige eines klanglichen *Ablaufs*, über Wesen und Leistung der Klang-Energie bleiben uns versagt. Die gesetzmäßigen Grundlagen des Gestalteten, die Qualität der Energie, sind hierbei, wie bei aller menschlichen Gestaltungsmöglichkeit, nur an einem *Ablauf* zu erfahren. Die Quantität der Energie wird auch hier nur an der, von subjektiver Wertung ungetrübten, Konstatierung von Arbeitsleistung erkennbar. Und wie die gleichen raumbildenden Gesetze die Erscheinung des Raumes einer Hütte und des Raums eines Domes bewirken, so sind auch in der Volksmelodie wie in der größten Symphonie die gleichen energetischen Gesetze für die Zielgestaltung wirksam! Die Möglichkeit des Erlebens, des Bewußt-Werdens dieser Gesetze und der Gestaltung auf der Grundlage dieser Gesetze ist – wie die Funktionsfähigkeit gegenüber allem Gesetzmäßigen – in jedem Menschen latent. Die zwei Arten des Erlebens von Musik – als Stoff und als Energie – setzen zwei

1 Vgl.: Jenseits von „Musikalisch“ und „Unmusikalisch“, a.a.O.

ebenso grundsätzlich verschiedene Orientierungsmöglichkeiten voraus. Bisher wurde bewußt und unbewußt meistens der Standort mit der Richtung auf den Stoff gewählt. Das allgemeine Interesse galt dem Klanggehäuse und seiner Struktur. Dies Interesse war die Grundlage der akustischen, wie der musiktheoretischen und ästhetischen Betrachtungsweise. In der Psychologie beschäftigte man sich mit Stoffeindrücken, ohne sich über die zwei grundsätzlich verschiedenen Ursprungsarten der konstatierten Empfindungen bei der Bewertung klar zu sein. Um eine klare Beziehung zu den Funktionen, zu Ablauf und Leistung der zielgerichteten Energie zu bekommen, müssen wir bewußt versuchen, uns ein dem gewohnten entgegengesetztes Verhalten zu erarbeiten. Das heißt: Wir dürfen nicht mehr „zuhören", wir dürfen den Stoff der Musik nicht behorchen, noch beobachtend die Aufmerksamkeit — sofort begreifen-*wollend*, aufnehmen-*wollend* — nach außen auf den Stoff des Klanggehäuses und seine Struktur lenken. Wir müssen uns „empfangend", funktionsbereit für das Entstehenlassen von Spannungsbeziehungen verhalten, auf deren Ablauf in uns das Spürbarwerden des jeweiligen Ziels begründet ist. Sowenig wie das eine Antenne zu leisten vermag, kann auch der Mensch nicht zu *gleicher* Zeit reagieren, empfangen und — beobachtend, messend, vergleichend — Aufmerksamkeit nach außen *richten*. Dies Unmögliche versuchen wir aber, sobald wir beim Zuhören *gleichzeitig* erleben wollen oder gar mit Hilfe des „Verstehens" intensiver erleben zu können glauben.
„Wissen" und Auffassungen vom Wesen musikalischer Vorgänge müssen immer wieder nachgeprüft werden; denn vieles davon ist auf Grund ungeklärter Einstellung der Untersuchenden entstanden. — Nur im Empfangen und Geschehen-Lassen, in gelassener Aufgeschlossenheit werden wir wirklich zugänglich für die Auswirkung von Klang-Energien. Das gleiche gilt auch für die Einstellung zu Farb-, Raum-, Körper-, Bewegungsbeziehungen usw. Sie werden uns bewußt als Empfindung von Spannungs- und Lösungsvorgängen. Selbst-Erfahrung und -Kontrolle beim Konstatieren des Vorhandenseins und Beurteilen der Art von Spannungsverläufen geben erst die zuverlässige Grundlage für eine sichere Orientierung in der Musik-Gestalt, — sowohl in quantitativer als auch in qualitativer Hinsicht. Sie liefern auch die Grundlage für eine objektive, ästhetische Orientierung.[1]
Es hat weitreichende praktische Folgen, wenn man im Bereich „Musik" stets bewußt und klar zwischen Gerichtetheit auf den Stoff und Erfahrung der, durch zielgerichtete Klang-Beziehungen erst wirksam werdenden, energetischen Prozesse — musikalischen Energien — unterscheidet, — wenn einem bewußt ist, daß diese beiden Seiten

1 Vgl.: Jenseits von „Musikalisch" und „Unmusikalisch", a.a.O.

des Phänomens nur von grundsätzlich verschiedenen Standorten der Orientierung und Verhaltensweisen eindeutig zu erfahren sind. Es verlangt eine Umorientierung nicht nur bei psychischen, pädagogischen und ästhetischen Problemen im Bereich „Musik", sondern auch fürs praktische Musizieren. Für die Fülle von Aufschlüssen, für die „Ausnahmen", die sich plötzlich einordnen lassen, für die Steigerung der Gestaltungs- und Erlebnisfähigkeit, die allein durch diese Standortänderung zu gewinnen ist, waren die verschiedenen praktischen Demonstrationen, die Heinrich Jacoby im Anschluß an seinen Vortrag durchführte, überzeugender Beweis. Es läßt sich ohne klingende Beispiele nicht mitteilen, in was für eine veränderte Situation man gerät und welche sonst unentfaltet bleibenden Funktionsmöglichkeiten angesprochen werden, sobald man die Aufmerksamkeit nicht mehr auf den Stoff und seine Struktur lenkt — nicht mehr vorwiegend auf „Reinheit" des Musizierens, auf rhythmische und dynamische Differenziertheit, auf Tonarten, Intervall, Akkorde und Modulation achtet —, sondern statt dessen in erster Linie auf das Spürbar-werden-Lassen, bzw. das Erkennen, der energetischen Prozesse und *Ziele* eingestellt ist. Man kann schon an einer kleinen Volksmelodie nachprüfen, wie auch fürs Musizieren der Organismus sich einer klaren Ziel-Empfindung dienend unterordnet, wie dann die „gute Ausführung" und die überzeugende Äußerung sich als selbstverständliches Resultat der Zielsicherheit einstellen. Überzeugendes, lebendiges Musizieren hängt von allgemein gewinnbarer Klarheit und Zielsicherheit und nicht — wie weit verbreitet angenommen — vom „In-Stimmung-Sein" ab.

Eindrucksvoll war auch folgende Erfahrung während der praktischen Demonstration in Heidelberg: daß der sogenannte Unmusikalische, weil er meist noch musikalisch unverbildet ist, für eine Umstellung gegenüber der Musik und für deren praktische Auswirkungen zugänglicher sein kann als der „Musikalische". Diesem fällt es infolge seiner „geglückten" Erziehung meistens schwerer, von der gewohnten Stoffbetrachtungsweise wieder frei zu werden. Die selbständigeren und aller Dressur innerlich abgeneigten Menschen, die, ebenso wie im allgemeinen Lernbetrieb der Schule, auch an der üblichen musikalischen „Erziehung" scheiterten, kommen nun leichter zu ihrem Recht.

Heinrich Jacoby erinnerte immer wieder daran, daß er von den Vorgängen *innerhalb der Musik nur als von einem Beispiel* spreche. Die Abwendung von Stoffbetrachtung, die Einstellung auf gesetzmäßige funktionelle Beziehungen und Abläufe ist ihm *Grundlage der Auseinandersetzung mit allen Lebens-, Erfahrungs-und Gestaltungsmöglichkeiten überhaupt.* — In ihr sieht er die *Grundlage aller bewußten Auseinandersetzung mit der Umwelt.* Sie erscheint ihm als die einzige Art der Erziehung, bei der es mit Sicherheit gelingt, die *allem* Ausdruck und *allem* Erfahren zugrunde liegenden, in jedem Menschen latenten gesetzmäßigen Funktionen bewußt werden zu lassen, ohne daß dieses Bewuß-Werden den Ablauf und die Auswirkung dieser Funktionen zu stören vermag! Das bedeutet, das verlorene Paradies zurückgewinnen zu können, – es ermöglicht den Zugang zu den Voraussetzungen des „Schöpferischen" im weitesten Sinne und nicht nur im Bereich der sogenannten „Künste". Das „Schöpferische" wird damit aus dem Bereich des Mystischen, Vagen, „Kosmischen", aus dem Bereich des Sentimentalen und Romantischen in das klare Licht der sachlichen Prüfung gebracht.

Immer wieder warnt Jacoby davor, sich der Täuschung hinzugeben, daß wir durch irgendwelche Reformmethoden für ein leichteres Erreichen der bisherigen Ziele, mit neuen Methoden für leichtere Beantwortung der bisherigen Fragestellungen in der Erziehung der jungen Generation einen entscheidenden Schritt weiterkommen könnten. Er warnt auch eindringlich davor, den Weg, den er zeigt, als eine „Methode" zu betrachten, als eine Sammlung von Übungen und Vokabeln, die man erlernen und benutzen kann. Für ihn ist, was er sagt und zeigt, selbstverständliche Wahrheit, von der man, wenn man sie einmal erkannt hat, nicht mehr begreifen kann, warum man ihr nicht schon immer gefolgt ist. Diese Sicht kann, wenn sie wirklich erfaßt ist, nun ihrerseits von uns Besitz ergreifen und sich schließlich in allem, was wir tun und lassen, auswirken. Das eigentliche Problem der *Befreiung* des Schöpferischen und der *Sicherung* des Schöpferischen im Kinde ist und bleibt ein *Problem der Erwachsenen* – ein Problem des Milieus, ein Problem der *Zielsetzung* – und erscheint erst in zweiter Linie als ein Problem des *Wegs*. Zunächst heißt es: Aufräumen mit Gedankenlosigkeiten und Vorurteilen bei uns, – alles daran setzen, daß wir Erwachsene wieder freiere, sichere Menschen werden. *Jeder* Erwachsene – und nicht nur jeder Lehrende – ist Erzieher, wenn er sich dessen vielleicht auch nicht bewußt ist; denn er ist ein Teil des entscheidendsten aller Erziehungsfaktoren – des Milieus – !

Heinrich Jacoby zeigt in der Musik und mit der Musik einen praktischen Weg sowohl zum bewußten Kennenlernen der funktionellen Grundlagen der Ausdrucksfähigkeit, wie zu deren bewußter Entfaltung. Indem er sagt und beweist, daß *jedem* dieser Weg offensteht, widerlegt er mit allem Nachdruck den Aberglauben von der Seltenheit und der „Zerbrechlichkeit" des „Schöpferischen", den Aberglauben, daß eine besondere „Begabung" Voraussetzung für das Schöpferische sei. Er zeigt, daß es sich um *allgemeine* menschliche Fähigkeiten handelt, die niemals fehlen können, in deren Gebrauch wir höchstens durch *überwindbare* Störungen gehindert sein können.

1927

ZEITSCHRIFT FÜR PSYCHOANALYTISCHE PÄDAGOGIK

HERAUSGEBER: DR. HEINRICH MENG, ARZT IN STUTTGART
UND UNIVERSITÄTSPROF. DR. ERNST SCHNEIDER IN RIGA

Sonderdruck:

HEINRICH JACOBY

Muß es Unmusikalische geben?

Erschienen in Heft 2 (November 1926) und Heft 4 (Januar 1927)

HIPPOKRATES-VERLAG STUTTGART-BERLIN-ZÜRICH

MUSS ES UNMUSIKALISCHE GEBEN?

Grundsätzliches über Befreiung und Erhaltung der allgemeinen Ausdrucksfähigkeit*

von Heinrich Jacoby, Berlin

Wenn ein Kind Schwierigkeiten beim Laufenlernen oder beim Sprechenlernen hat, so erscheint jedem als das Nächstliegende, nach den Ursachen der Störung zu fragen. Daß es sich dabei um Störungen elementarer Funktionen handeln muß, ist uns in eben dem Maße selbstverständlich, in dem es uns selbstverständlich ist, daß jeder Mensch läuft und spricht. Und in eben dem Maße ist es uns selbstverständlich, daß wir alles unternehmen, um diese Störungen zu beheben.

Kann dagegen ein Mensch etwa nicht zeichnen, singen, tanzen, modellieren, kann er nicht „fremde" Sprachen oder Mathematik „lernen", so erklären wir kurzerhand, er sei dafür „unbegabt". Wir begnügen uns mit der Feststellung, daß er diese Dinge nicht „kann".

Gar zu leicht ist man bisher bereit gewesen, für die Möglichkeit einer großen Zahl von Leistungen besondere „Anlagen" als notwendig vorauszusetzen. Auf Grund übernommener Vorurteile werden Fähigkeiten, die in Wirklichkeit in jedem latent sind, „selbstverständlich" als seltene Naturanlage mißverstanden, — werden durch vorübergehende und behebbare Störungen geminderte Leistungen auf „angeborene Unbegabtheit" zurückgeführt. Daß unbewußte Motive die Möglichkeit und den Verlauf einer Leistung stören können, daß solche Motive bewußt und damit unwirksam gemacht werden können, ist eine nicht mehr zu leugnende Tatsache. Die Bedeutung dieser Zusammenhänge, von denen wir bewußte Kenntnis erst durch Freud bekommen haben, ist bisher bei psychologischen Untersuchungen über die Begabung und bei der Auswertung von Begabungs- und Eignungsprüfungen fast ganz übersehen worden. Dabei führt das Verständnis dieser Beziehungen in drastischer Weise zur Korrektur der bei traditioneller Betrachtungsweise erhaltenen Auskünfte.

Würde das Prädikat „unbegabt" nur eine Einordnung in eine Leistungsskala — nur eine Wertung der momentanen praktischen Verwendbarkeit bedeuten —, es wäre nichts Besseres und nichts Schlimmeres als jede andere Zensur im üblichen Lernbetrieb auch. Es bliebe jedem, dem daran gelegen ist, zumindest der Ausweg offen zu versuchen, das nächste Mal eine bessere Zensur zu gewinnen. Aber der Stempel „unbe-

* Dieser Aufsatz ist von mir für eine Neuherausgabe 1978 sprachlich leicht überarbeitet worden.
Sophie Ludwig, Berlin

gabt" bedeutet in Wirklichkeit leider etwas grundsätzlich anderes! Er bedeutet, daß wir dem „Unbegabten" eine Fähigkeit absprechen, ohne deren Besitz es nicht möglich ist, sich jemals mit Aussicht auf Erfolg um eine Leistung zu bemühen. Woher soll dieser für „unbegabt" Erklärte den Mut nehmen, es aufs Neue zu versuchen? Konnten doch schon die ersten Mißerfolge oft nur eintreten, weil er sich bereits vorher – bewußt oder unbewußt – unsicher gefühlt hatte!

Die Überzeugung, daß man von der Umwelt für „unbegabt" gehalten wird, muß das bereits schwankende Selbstvertrauen weiter erschüttern. Schließlich wird der Betroffene immer erfolgreicher versuchen, vor Lebensforderungen auszuweichen, die ihn an Situationen erinnern, in denen er schon einmal versagt hat. Häufig wird er deshalb – wenn auch unbewußt – gerade jene Symptome systematisch produzieren, derentwegen man ihn, als sie zum ersten Male bemerkt wurden, für „unbegabt" gehalten hat. Schon wegen der Gefahr solcher Auswirkungen sollten Begabungswertungen möglichst unterbleiben.

Da bisher weder die positiven Möglichkeiten der Beseitigung unbewußter Störungstendenzen noch die negativen Wirkungen einer dauernden Entmutigung bei der Untersuchung von Begabungsfragen genügend in Rechnung gestellt worden sind, ist es nicht verwunderlich, daß wir erst so wenig Zuverlässiges über das Mindestniveau wissen, das von *jedem* auf den verschiedenen Ausdrucksgebieten erreicht werden kann. Diese Unklarheit wächst in dem Maße, in dem sich die zu beurteilenden Leistungen von den einfachen Notwendigkeiten des Alltags entfernen.

Geradezu groteske Verhältnisse haben sich dadurch im Bereich der sogenannten Künste herausgebildet. Dort sehen wir das Selbstverständliche, das, was an sich das Gewöhnliche sein könnte, als das „Ungewöhnliche" an. Dort werten wir allzuhäufig das nur „Gekonnte" schon als besondere „Kunstleistung" und einen weniger gehemmten Gebrauch allgemeiner Fähigkeiten, nur weil er in unserem Kulturkreis zur Zeit verhältnismäßig selten anzutreffen ist, schon als Begabung! Tatsächlich ist das, was wir heute von der Ausdrucksfähigkeit und der Aufnahmefähigkeit der meisten Menschen zu erwarten gewöhnt sind, weit entfernt von dem, was jedem Menschen möglich ist und deshalb von jedem zu erwarten ist.

Durch die Unterschätzung der Fähigkeiten des Einzelnen wie durch die Unterschätzung dessen, was allen möglich ist, entsteht jene entmutigende Atmosphäre, in der die Unsicheren so leicht „unbegabt" werden. Diese Atmosphäre gibt den unmittelbaren Anstoß zum Entstehen unzähliger Störungen. Sie verführt auch dazu, vorhandene Störungen, eben weil sie allgemein als Naturanlage angesehen werden, zu konservieren. Und welcher Anreiz und welche reichen Möglichkeiten für den Neurotiker,

sich und der Umwelt mit dem Anschein der Berechtigung die eigene Unfähigkeit zu beweisen!
Indem wir das Unrichtige in den traditionellen Voraussetzungen für die Beurteilung und Begründung der Begabung aufdecken, gewinnen wir zugleich die Möglichkeit, es unschädlich zu machen! Wir müssen uns nur an den Gedanken gewöhnen, daß alle sogenannte *Unbegabtheit* auf *allen* Gebieten Ursachen haben kann, die der *Korrektur zugänglich* sind, daß die meisten der entmutigend wirkenden Meinungen über „Erbanlagen" unhaltbare Vorurteile sind.
Auch die Begründungen, die der „Unbegabte" selber für sein Versagen angibt – und seien sie noch so einleuchtend –, alle „Zufälligkeiten" und Unfähigkeitsbeweise müssen wir auf ihre nicht bewußten Motive hin untersuchen, bevor wir über Möglichkeit und Unmöglichkeit einer Leistung urteilen dürfen oder bevor wir einem Menschen glauben dürfen, daß er etwas tatsächlich nicht leisten kann.
Auch Art und Form der Anforderungen, die die Gesellschaft an das Individuum zu stellen pflegt – das, *wozu* einer „begabt" sein soll, – muß nachgeprüft werden. Viele der üblichen Fragestellungen, die für eine vergangene Entwicklungsetappe richtig gewesen sein mögen, rufen heute mit Notwendigkeit „falsche" Antworten und ungenügende Leistungen hervor. Gerade alles scheinbar Selbstverständliche in unserer Einstellung gegenüber dem sich Äußernden wie in unserer Auffassung vom Wesen des allgemeinen wie des „künstlerischen" Ausdrucks muß uns wieder einmal zum Problem werden.
Das Beispiel der Musik soll deutlich machen, welche Folgen eine solche Überprüfung für unser *praktisches* psychologisches und pädagogisches Verhalten haben wird. Dabei weise ich besonders darauf hin, daß die Feststellungen und Forderungen, die sich weiterhin aus der Untersuchung der musikalischen Fähigkeiten ergeben, auf alle „Kunst"-Gebiete – und nicht nur auf diese – sinngemäß zu übertragen sind. Der „Unmusikalische" wurde als Beispiel gewählt, weil in der üblichen Musikauffassung und im üblichen Musikbetrieb die zu klärenden Probleme besonders drastisch zutage treten.
Zuverlässige Anhaltspunkte für die Beurteilung von Fähigkeiten können wir nicht gewinnen, bevor wir nicht eine klare Vorstellung vom Wesen der zu lösenden Aufgabe haben. Nun meint aber jeder Mensch mit Musik etwas anderes, und jedem bedeutet Musik etwas anderes. In der verwirrenden Vielheit der landläufigen Musikauffassungen müssen wir deshalb bestimmte Vorgänge im Reiche des Klanggeschehens scharf umreißen. Wir wollen weiterhin nur solche Erscheinungen in den Kreis unserer Betrachtung ziehen, die nichts sind als Ausdruck oder Eindruck, erzielt durch Schaffung

von Klangbeziehungen. Alle außerhalb des Klanglichen liegenden Beziehungen, Verbindungen und Verwendungsarten, alle Verbindungen mit Wort, Farbe, Bewegung, mit Ideen und Programmen, vertonte Lieder, Tanz-, Kultmusik und dgl. bedeuten bereits *Verwendung* der eigentlichen Klangwirkungen zu andersartigen Wirkungsabsichten. Für die Auseinandersetzung mit solchen zusammengesetzten Grenzgebietserscheinungen kommen noch andere als nur musikalische Ausdrucks- und Aufnahmefähigkeiten in Frage.
Zum Entstehen musikalischer Wirkungen genügen schon wenige in bestimmter Zielrichtung aufeinanderfolgende Klänge, es sind aber mindestens zwei aufeinanderfolgende Klänge dazu nötig. Ein Klang oder ein Zusammenklang – und klänge er noch so schön – hat also grundsätzlich noch nichts mit Musik zu tun. Schon deshalb ist die übliche Prüfung der größeren oder geringeren Treff- und Unterscheidungsfähigkeit für vereinzelte Klänge oder Zusammenklänge oder gar die Frage nach dem Besitz oder Nichtbesitz des sogenannten absoluten Gehörs ein ungeeignetes Mittel zur Feststellung musikalischer Fähigkeiten. Das Wissen um Art und Qualität der Klänge sagt noch nichts über das Wesentliche des musikalischen Geschehens aus. Eigentümliche musikalische Wirkungen können nie von den Klängen selbst – vom musikalischen „Stoff" – ausgehen, sondern allein vom Wechsel zwischen Spannungs- und Ruhezuständen, die das Resultat von in bestimmter Richtung ablaufenden Klangfolgen sind.[1] Die Gefühlsauslösung, die der Auswirkung von Klangbeziehungen folgen kann – Wohlgefallen oder Mißfallen, Vorliebe oder Ablehnung – muß als persönliche Angelegenheit des Untersuchenden, des Hörenden oder des Sich-Äußernden zunächst bewußt ausgeschaltet bleiben. Das verlangt von uns gegenüber der Musik als einer Gefühlsangelegenheit par excellence eine doppelt ungewohnte Diszipliniertheit. Bevor diese erarbeitet ist, bleiben alle Aussagen und Urteile unzuverlässig.

Für die Beurteilung von „Begabung" auf irdendeinem anderen Gebiet, z.B. der Malerei, der Architektur, dem Bewegungsausdruck, wäre eine analoge Klärung, Begrenzung und Selbstdisziplinierung notwendig. Es müßte eindeutig sein, was untersucht werden soll, wofür einer begabt sein soll, wozu einer erzogen werden soll.
Außer der ungenügenden Begrenzung gibt es aber eine Unklarheit, die noch mehr verwirrt, die dem Erarbeiten klarer Anschauungen und Einsichten im Wege steht: Das ist die übliche Verquickung der einzelnen Ausdrucksgebiete mit unklaren Kunstvorstellungen! Die Gewohnheit, Musik mit Kunst zu identifizieren, ist vielleicht das einzig

1 Vgl. Heinrich Jacoby, Jenseits von ‚Musikalisch' und ‚Unmusikalisch'. Verlag F. Enke, Stuttgart 1925.

wirklich Gemeinsame in all dem oft so grundsätzlich Verschiedenen, was man unter Musik zu verstehen gewohnt ist. Jeder denkt zuerst an „Kunst" und damit unwillkürlich an das Besondere, an etwas „Höheres", Nichtgewöhnliches. So ist der Blick von vornherein durch persönlich und zeitlich bedingte Werturteile und Stilbegriffe befangen gemacht worden, durch moralische Absichten, ethische Forderungen und romantische Gefühle, wie sie jeder „Kunst"-Einstellung anhängen.

In dieser Vorstellung von etwas Besonderem, „Höherem", Nichtgewöhnlichem haben wir den Ursprung der nachhaltigsten Entmutigungswirkungen zu suchen. Der Gedanke, daß nicht jeder Mensch einen Zugang zur Musik finden könne, wird dadurch überhaupt erst denkbar. Neigt aber jemand bereits zu Mangel an Selbstvertrauen, so wird er an eine „Kunst" noch eher mit der unbewußten Erwartung eines Mißerfolges herangehen als an eine Forderung des Alltages. Machen wir uns solche Zusammenhänge klar, so werden wir die übliche große Zahl von Versagern anders einschätzen als bisher. Die landläufige Vorstellung von besonderen musikalischen Anlagen im „musikalischen" Hörer wird dadurch von Grund aus verändert. Wie leicht wir uns haben täuschen lassen, beweist die weitverbreitete Meinung, es gäbe eine *speziell musikalische Hör*begabung, die der „Unmusikalische" nicht besitzt. „Ich liebe zwar Musik, aber ich habe kein musikalisches Ohr", bekommt man immer wieder zu hören. Dabei benutzt solch ein „Unmusikalischer" das gleiche „unmusikalische" Ohr täglich zur sicheren Unterscheidung höchst differenzierter Geräusche und Klänge! Er erkennt ohne Besinnen Richtung und Entfernung, aus der ein akustischer Reiz kommt, — er erkennt Menschen am Tonfall der Stimme und am Schritt, er reagiert sicher auf alle Arten akustischer Signale, auf Glocken und Klingeln, — er läuft bestimmt nicht zum Telephonapparat, wenn es an der Haustür läutet, und trotzdem meint er, sobald er es mit Musik zu tun hat, nicht „hoch" von „tief" unterscheiden zu können und dergleichen mehr. Jeden Augenblick macht er im Alltagsleben mit seinem „unmusikalischen" Ohr unbewußt viel feinere Unterscheidungen, als sie jemals bei irgendwelchen „musikalischen" Feststellungen erforderlich sind!

Es ist fast unbegreiflich, daß gesunder Menschenverstand die Meinung hat aufkommen lassen können, hier fehle eine „Gabe". Viel näher liegt es zu fragen, warum gerade im Bereich der Musik (lies „Kunst") allgemeine — im Alltäglichen glatt ablaufende — Funktionen versagen. Mit dieser Fragestellung ist ganz von selbst ein vom Gewohnten abweichendes praktisches Verhalten gegeben.

Anstatt uns, wie bisher, damit zu begnügen, die „Unmusikalischen" als unbegabt abzutun, werden wir uns *gerade mit ihnen* und ihren Störungen eingehend beschäftigen. Diese Beschäftigung führt zu unerwarteten Aufschlüssen, welche wir bei der

Arbeit mit „Musikalischen" nie bekommen würden. Wir stoßen dabei auf Vorgänge und Zusammenhänge, deren Existenz solange unbewußt bleiben mußte, als sie – wie beim „Musikalischen" – ungestört und deshalb „selbstverständlich" ablaufen.

Unzählige in dieser Richtung gewonnene Erfahrungen zeigen etwas für die Erziehung außerordentlich Wichtiges: daß ungenügende Leistungen fast nie in fehlender Funktions*möglichkeit*, sondern in ungenügender Funktions*bereitschaft* begründet sind, daß es deshalb falsch ist, durch Üben, Drill und durch verfeinerte Lehrmethoden von außen her die Leistungen verbessern zu wollen, bevor die Funktionsbereitschaft wieder entstanden ist. Je mehr wir über diese Funktionen bewußt wissen, desto sicherer gelingt es, die gehemmte Bereitschaft zur Funktion wieder auszulösen. Je sicherer wir den Vorgang der Gestaltung von sogenannten „höheren" Leistungen auf den Ablauf von Funktionen zurückzuführen vermögen, *die auch Voraussetzung für die einfachsten Lebensäußerungen sind*, desto genauer können wir überall die wahren Grenzen und Möglichkeiten einer *allgemeinen* Ausdrucks- und Aufnahmefähigkeit kennenlernen.
Daß Musik in erster Linie ein allgemein menschliches Ausdrucksmittel ist, kann vorläufig nur selten in Erscheinung treten. Dem wirken die übliche Einstellung und der übliche praktische Musikbetrieb zu sehr entgegen, ist doch heute fast alle Beschäftigung mit Musik auf Reproduktion und Eindruck eingestellt.
Dem als unbegabt gewerteten „Unmusikalischen" gegenüber haben wir bisher den „Musikalischen" als begabt angesehen. Wollen wir nun die falsche, irreführende Begabungswertung nicht wieder zur Hintertür hereinlassen, so darf der Satz, „daß es allmählich keine ‚Unmusikalischen' mehr zu geben braucht", nicht dahin umgekehrt werden, „daß allmählich alle Menschen ‚musikalisch' sein werden"! Wir müssen uns daran gewöhnen, die allgemeine Ausdrucks- und Aufnahmefähigkeit als ein Problem *jenseits* von musikalisch und unmusikalisch anzusehen!
Daß dies nicht etwa eine Forderung nach „theoretischer" Klarheit oder ein Streit um Meinungen und Begriffe ist, – daß auch praktisch alle Störungen, die den Menschen unmusikalisch erscheinen lassen, überwindbar sind, habe ich durch mehr als tausend praktische Erfahrungen als Tatsache festgestellt. Für Beweis und Begründung verweise ich auf einen älteren, im wesentlichen unter pädagogischen Gesichtspunkten gegebenen Bericht über meine Arbeit mit sogenannten Unmusikalischen. Ich habe schon damals an mehr als tausend Fällen aller Altersstufen, vom Kleinkind bis zum 65jährigen und Angehörigen verschiedener Nationen und Rassen nachgewiesen, daß es – ganz seltene, schwere pathologische Fälle ausgenommen – den „Unmusika-

lischen" sogar im Hinblick auf die heute üblichen wesentlich reproduktiven Musikziele nicht zu geben braucht.[1]

Das „Unmusikalisch"-Sein, oder besser -Scheinen, kann also weder als Begabungsmangel aufgefaßt werden, noch darf man es mit einer konstitutionellen, unheilbaren Krankheit vergleichen, mit deren Bestehen man sich abzufinden hat. Die Krankheitserscheinungen des „Unmusikalischen" verschwinden, sobald man — von ihrer Heilbarkeit überzeugt — ihren Ursprung, die ihnen zugrundeliegenden psychischen Traumen, erkennt, — sobald man aufklärend und lösend eingreift und sobald man vor allem das oft traumatisch wirkende, gebräuchliche pädagogische Verhalten ändert. Ändern wir die Art unseres Vorgehens, so gelingt es jederzeit und bei jedem Menschen, die verborgene, nur verschüttete musikalische Ausdrucks- und Eindrucksfähigkeit zu befreien und zur Entwicklung zu bringen.

Daß der Ängstliche, der Schüchterne stottert und sich verspricht, daß dem Erschreckten oft die Sprache versagt, daß der Unsichere, der Ungeschickte überall anstößt, die Dinge am verkehrten Ende anfaßt und, was er in die Hand nimmt, fallen läßt, ist durch Fehlhandlungen, durch die Auswirkung unbewußter Vorgänge bedingt. Freud hat gezeigt, daß sie bewußt werden können und damit ihre störende Wirkung aufgehoben werden kann. Auch der „Unmusikalische" ist oft nur ein Schüchterner oder ein Unsicher-Gewordener. Und in ganz ähnlicher Weise wie die Fehlhandlung haben wir uns in den meisten Fällen das Versagen der Stimme, das „Danebentreffen", das Nicht-Unterscheiden-Können von Tonhöhen, schlechtes Melodiengedächtnis, Ungeschicklichkeit am Instrument usw. bei ihrem ersten Auftreten zu erklären. Bisher wurden solche Fehlleistungen bei musikalischen Äußerungsversuchen wie überhaupt bei Äußerungsversuchen, die irgend etwas mit „Kunst" zu tun haben, als Anzeichen von „Unbegabtheit" angesehen. Dieses Mißverständnis bringt dem Betroffenen meist so heftige Erschütterungen des Selbstvertrauens, daß er bei der Wiederkehr entsprechender Situationen immer nachdrücklicher versagt: *nun aber aus ganz anderen Gründen als denen, die ursprünglich zur Fehlleistung geführt haben!*

Ein konsequentes Abwehrverhalten bleibt gewöhnlich bestehen, auch wenn das Motiv, das zu den ersten Fehlleistungen (Versagen) geführt hat, längst unwirksam geworden ist. Erst wenn es gelingt, dem Betroffenen die Einsicht in solche Zusammenhänge nahezubringen, wird er dieses Verhalten ändern können, wird seine Funktionsbereit-

1 Grundlagen einer schöpferischen Musikerziehung. „Die Tat", Märzheft 1922 (Verlag Eugen Diederichs, Jena). Zum ersten Male mitgeteilt im Jahre 1918 in der Gesellschaft für neue Erziehung, München. Seit der ersten Veröffentlichung hat die Arbeit mit abermals mehr als tausend Menschen die damals gemachten Beobachtungen und die daraus gezogenen Schlüsse immer wieder aufs Neue bestätigt.

schaft wieder entstehen können. All den Anzeichen von Unfähigkeit, durch die jemand „unmusikalisch" erscheint, liegen derartige, gewöhnlich verhältnismäßig leicht überwindbare, psychisch begründete Hemmungen zu Grunde. Je mehr wir diese eigentlichen Ursachen erkennen, desto sicherer können wir in Zukunft auch praktisch dem Entstehen von Hemmungen der Ausdrucks- und Aufnahmefähigkeit vorbeugen.

Je bewußter und klarer mir diese Zusammenhänge wurden, desto besser gelang es, das Verfahren zur Lösung bestehender Hemmungen zu vereinfachen. Jede Schwierigkeit im Verhalten des Sich-Äußernden und des Hörenden war von nun an Anzeichen behebbarer Störung. Gleichzeitig wurde es immer deutlicher, daß für das Versagen in einer großen Anzahl typischer Fälle die übliche Form und Art der musikalischen Fragestellungen verantwortlich waren. Daraus ergab sich auch gegenüber der Musik eine grundsätzliche Wendung, — eine Wendung in meiner Auffassung von Wesen und Bedeutung des Klang-Gehäuses.

Die Suche nach latenten Funktionen im Menschen führte zur Suche nach entsprechenden funktionellen Vorgängen in der Musik. Die allmählich immer bewußtere Einstellung auf die Tatsache und die Wirkung von Klang-*Beziehungen* statt auf das Messen, Vergleichen und Treffen von *Klängen* führte zur immer deutlicheren Scheidung zwischen Klang-Energie und Klang-Stoff.[1]

Damit wurde auch von der Seite des Musikvorgangs her deutlich, wie weit die übliche Musikauffassung und -Erziehung für die Existenz von „Musikalischen" und „Unmusikalischen" verantwortlich ist, — wie weit diese beiden „Typen" unter dem Einfluß der bisherigen materialistischen und mechanistischen Einstellung zur Musik und zum Klangproblem sich mit Notwendigkeit hatten herausbilden müssen. Ob man jemanden für „musikalisch" oder für „unmusikalisch" hält, hängt doch allein von seiner Eignung für die Teilnahme am Musikbetrieb und damit von der gerade geltenden Musikauffassung ab. Folglich war bisher derjenige am „musikalischsten", der mit Denk-, Hör- und Greifgewandtheit das Ziel der vor allem reproduktiven Beherrschung des *Stoffes* der Kunstmusik am mühelosesten und sichersten erreichen konnte.

Wird aber Musik bewußt als energetischer Ablauf aufgefaßt, geht man vom *spontanen Ausdruck* aus, lenkt man die Aufmerksamkeit der Menschen auf das *Vergleichen von Spannungs- und Ruhezuständen* anstatt von Einzelklängen, Melodiestückchen und Akkorden (von Ausschnitten aus dem Klang-Gehäuse), so verschwinden dadurch noch rein musikalische Anlässe zum „Versagen". Da praktisch der Nachweis erbracht ist,

1 Vgl. Jenseits von ‚Musikalisch' und ‚Unmusikalisch' a.a.O.

daß die Störungen des „Unmusikalischen“ überwindbar, daß jedem, der es wirklich will, sogar die Ziele des üblichen Musikbetriebs erreichbar sind, entfällt der einzig denkbare ernsthafte Einwand gegen die Auffassung der Musik als eines *allgemeinen* Ausdrucksmittels.

Auch der sogenannte Amusische, d.h. der Kunst- bzw. Musikfeindliche, der sein Unmusikalischsein nicht als unerwünscht empfindet, der vorgibt, nicht nur unberührt zu bleiben, sondern von Klängen irritiert zu werden, widerspricht nicht der Behauptung von der Heilbarkeit aller „Unmusikalischen“. Besonders an ihm läßt sich oft verblüffend beweisen, was vom „Unmusikalischen“ gesagt wurde. Eine so affektbetonte Ablehnung eines ganzen Ausdrucksgebietes muß von vornherein verdächtig erscheinen, verdächtig dahin, daß — ganz im Gegenteil — unbewußt eine besonders tiefe Beziehung zu dem Abgelehnten besteht. Wer sich irritiert fühlt, beweist seine Reaktionsfähigkeit, und zwar eine im Vergleich mit dem Gleichgültigen auffallend starke Reaktionsfähigkeit. Der Protest gegen Einflüsse und Forderungen des Milieus, die oft betont ablehnende Ausnahmestellung aus Selbstgefälligkeit, aus unbewußtem Verstecken-Wollen von Minderwertigkeitsgefühlen, die sich hinter einer scheinbar besonderen Ehrlichkeit, einem das übliche Getue Nicht-Mitmachen-Wollen verbirgt, läßt sich stets rasch aufdecken.

Nur solange man den „Unmusikalischen“ als „unbegabt“ ansieht — solange man die neurotische Herabsetzung seiner Ausdrucks- und Aufnahmefähigkeit als Maß der allgemeinen Naturanlage mißversteht, erscheint der verhältnismäßig ungehemmte „Musikalische“ als besonders „begabt“, als Ausnahme. Diese Verkehrung der tatsächlichen Verhältnisse ist nicht weniger unsinnig, als wenn wir etwa bei Untersuchungen über die Zeugungskraft die Leistungen der Potenten als Ausnahmebegabung, die Leistungen der Schwachpotenten und Impotenten dagegen als Maßstab für das „Normale“ ansehen wollten. Bei der Musik wird diese Unsinnigkeit nur deshalb nicht so offensichtlich, weil dort die „Impotenten“ aus den erwähnten Gründen zur Zeit in der Überzahl, die „Potenten“ in der Minderzahl erscheinen.

Ein Vergleich mit der sexuellen Impotenz stimmt übrigens auch hinsichtlich der praktischen Konsequenzen, die eine bewußte Kenntnis von der psychischen Bedingtheit des „Unmusikalisch-Seins“ haben muß. Durch die Entdeckung ihrer psychischen Bedingtheit ist die früher meist auf unheilbare physiologische Störungen im Rückenmark oder in den Zeugungsorganen zurückgeführte sexuelle Impotenz in weitaus den meisten Fällen — vor allem durch das psychoanalytische Heilverfahren — heilbar geworden. Wenn wir von etwa durch Tuberkulose, Lues, durch Verletzungen oder Mißbildung bedingten Ohrenkrankheiten und Gehörmangel absehen — (es wird wohl niemand einen Tauben oder einen Schwerhörigen wegen seines Ohrenleidens als „unmusikalisch" ansprechen) –, kann man den Prozentsatz der Heilbaren bei den „Unmusikalischen" ruhig gleich hundert setzen. Der Widerstand gegen die Lösung der musikalischen Äußerungs-Hemmung ist bei dem verhältnismäßig „unwichtigen" Gebiet viel leichter zu überwinden als etwa die Sicherungen, mit denen der sexuell Impotente sein Leiden verteidigt.

Ich habe den Vergleich mit einer sexuellen Störung jedoch nicht nur wegen des guten Beispiels für die „heilenden" Folgen einer neuen Einsicht gebracht. Es bestehen auch unmittelbare, sachliche Beziehungen zwischen stimmlichem Ausdruck und den Funktionen der Geschlechtsorgane. Das zeigt sich sowohl beim Stimmwechsel in der Pubertät wie in der Beeinflussung des Stimmcharakters durch die Kastration. Auch an die Beziehungen zwischen Frühling, Verliebtsein und allgemeiner Musizierfreudigkeit sei erinnert.

Der erste Anstoß für das Entstehen des größten Teils der Störungen, die später als betonte Widerstände in Erscheinung treten, wird meist schon in der frühen Kindheit gegeben, lange bevor ein systematischer Unterricht einsetzt. Die Unterbindung spontaner selbständiger Äußerungen –und nicht nur musikalischer– beginnt bereits in der Wiege! Bedenken wir nur, was ein Kind gewöhnlich alles nicht „darf"! Wie sind von Anfang an kindliche Äußerungen der störenden Anteilnahme der Erwachsenen ausgesetzt: dem Zuwichtignehmen wie der Geringschätzung und dem Verächtlichmachen, der übertriebenen Fürsorglichkeit aus „Affenliebe" wie der gereizten Ungeduld aus unterdrücktem Haß, der Übervorsichtigkeit, der Ängstlichkeit, dem Helfen- und Erleichtern-Wollen und der Verbesserungswut! Wir wissen heute, besonders durch die Psychoanalyse, daß der Ängstlichkeit, der übergroßen Zärtlichkeit und Fürsorge, dem Beschützen und Verbessernmüssen andere unbewußte Motive zugrunde liegen können als „Liebe" und Verantwortungsgefühl. Aber, was unser Verhalten auch leiten mag: auf das Kind wirkt all das so, als ob ihm geholfen werden *müsse*, weil es selber sich nicht helfen kann, als *Unterstreichung* seiner *Schwächlichkeit*. Alles das sind sich wiederholende Zeichen unseres fehlenden Zutrauens zu seinen Fähigkeiten. Auf diese Weise wird die erste Voraussetzung aller Spontanität, das kindliche Selbstvertrauen, erschüttert. Damit beginnt die Einengung der allgemeinen Ausdrucksfreiheit, die Verschüchterung und Unterdrückung des kindlichen Äußerungs-Willens und -Bedürfnisses. Hier liegt für die Musik, oft in höherem Maße als für die anderen Ausdrucksgebiete, der Grund für die Erziehungsnöte, mit denen wir uns in späteren Jahren herumzuschlagen haben.

Wir treffen hier auch auf die verhängnisvollen Auswirkungen der Gesamthaltung einer Gesellschaft, die in ihrem „Erziehungsideal" den gehemmten Menschen als Typus geradezu züchtet: Was nennen wir denn „guterzogen"? Glatte, ruhige „Manieren", gedämpftes, leidenschaftsloses Sprechen, „maßvolle" Bewegungen, Verbergen aller spontanen Empfindungen, kurz: Unterdrücken oder zumindest möglichst vollkommenes Verbergen oder Verwischen aller Zeichen freien, eigenen Ausdrucks und aller Zeichen der unmittelbaren Wirkung von Eindrücken. Brauchen wir uns da noch zu wundern, wenn unsere Erziehung eine so problematische Sache ist? Sie soll ja – ein Schulbeispiel von Ambivalenz – unterdrücken, was sie „eigentlich" entwickeln möchte. Vergleichen wir damit die Gelöstheit und Spontanität slavischer Völker, der Südländer, der Orientalen, so sehen wir eine der wesentlichen Ursachen dafür, warum dort das ganze Volk „musikalisch" ist, warum der „Unmusikalische" dort kein Problem ist, warum man dort auf der Straße „musikalischer" musizieren hören kann als bei uns im Konzertsaal.

Es gibt noch andere Störungen, die nicht die Voraussetzungen des Ausdrucks*willens*, die Bereitschaft zur Musik treffen. Es sind dies alle jene Störungen, die den beginnenden Ablauf und das Zusammenwirken der für die Verwirklichung des Äußerungs-Bedürfnisses nötigen *Funktionen* in Unordnung bringen.

Als Endergebnis sehen wir fast das gleiche Bild. Für die Wiederherstellung der Äußerungsbereitschaft ist es aber außerordentlich wichtig, den Ursprung der Hemmung zu kennen. Diese Funktionsabläufe stört vor allem jedes „Vormachen", nicht nur ungeschicktes und – wie z.B. die Babysprache – kindisch wirkendes! Ebenso stört das *Antreiben* der Entwicklung, wie das etwa beim Sprechenlernen durch *häufiges* Vorsprechen oder Hersagenlassen eingedrillter Worte geschieht, oder bei der Musik durch Vorsingen von Liedchen mit dem Anreiz zum Nachsingen, durch Verbessern an dem Nachgesungenen, weil es im Sinne des Erwachsenen nicht „richtig" erscheint. Hierher gehört auch alles Be- und Verurteilen kindlicher „Kritzeleien", weil sie *uns* nicht das darstellen, was das Kind darin zu sehen behauptet, oder gar das Hineinzeichnen von „Verbesserungen" – überhaupt *alles „Richtigstellen" kindlicher Behauptungen* vom Erwachsenen-Standpunkt aus, wenn z.B. dem Kind beim Spielen die gleiche Streichholzschachtel das eine Mal eine Lokomotive, das andere Mal eine Geige oder ein Haus bedeutet, und ein „tüchtiger" Erzieher sich alle Mühe gibt, ihm zu beweisen, daß es sich irrt! Hierher gehört ferner jeder Anreiz zu Äußerung und Tätigkeit, die *nicht der kindlichen Initiative* selbst entspringen, z.B. schon das Anregen zu Sitz-, Steh- und Gehversuchen durch von außen gegebene Hilfen oder durch Versprechungen und Drohungen.

Nicht zuletzt gehört hierher alles *Zur-Schau-Stellen* kindlicher Äußerungen und Leistungen, das Vorführen der jüngsten Entdeckungen und Künste vor Onkeln und Tanten oder Berichte über Worte und Taten des Kindes in dessen Gegenwart. Anlaß zum Entstehen von Ausdrucksstörungen geben überhaupt alle Maßnahmen des Erwachsenen, die belehren sollen und dabei das jeweils erreichte *Entwicklungsstadium nicht berücksichtigen*. Alles zu frühzeitige Beibringen-Wollen führt unvermeidlich zu Eingriffen in die tiefe Einheitlichkeit der kindlichen Vorstellungswelt. All das enthält die Gefahr der zu *frühzeitigen Bewußtseins-Lenkung*, einer Art Bewußtmachens, welche den naturgemäßen Vorgang der unbewußten Anpassung an das Milieu stört. Das Herausreißen aus dem naturgemäßen Versunkensein bei der selbstgewählten Tätigkeit muß unweigerlich zum Verlust der kindlichen Unbefangenheit führen, und damit zu Zaghaftigkeit, mangelnder Unmittelbarkeit, zu Zerfahrenheit, zu „Altklugheit" und zu einem frühzeitigen leeren „Gescheitsein".

Das Bedürfnis des Kindes, sich seiner Umwelt verständlich zu machen, regelt ganz von selbst die einzig natürliche Art sprechen zu lernen, Wort- und Satzbildung zu entwickeln. Und wie beim Sprechen, so ist es auf allen anderen Gebieten auch. Je *weniger* das Kind beachtet und beeinflußt wird, desto eher und desto *sicherer* kann es „richtig" (im Sinne seiner Umgebung) sprechen, singen, laufen usw. Je mehr freie Zeit die Eltern für die Beschäftigung mit dem kleinen Kinde haben, desto größerer Verbildungsgefahr ist es ausgesetzt.

Diese Hemmungen, die der Erwachsene überflüssigerweise dem Kind beim Gehen- und Sprechenlernen schafft, überwindet jedes Kind unter dem Druck der Lebensnot. Das eine überwindet sie langsamer, das andere schneller, aber überwinden muß es sie. Das Leben, die Umgebung lassen hierbei die Suggestion der unrichtigen Auffassung, daß *Schwierigkeiten Anzeichen von Unbegabtheit* seien, nicht aufkommen. Es ist eben *selbstverständlich*, daß *jeder* laufen und sprechen kann! Aber für klangliche Äußerungen, für die Musik, besteht nicht der gleiche Zwang, sich äußern und verständlich machen zu müssen, und es fehlt der ermutigende Einfluß der Umgebung, die sich selber nur selten „selbstverständlich" musikalisch zu äußern und zu verständigen vermag.

Daß wir oft im „gleichen Milieu", etwa unter Geschwistern, die in ihrer frühen Jugend scheinbar gleichen Störungsmöglichkeiten ausgesetzt waren, recht verschiedenartige musikalische „Anlagen" oder, wie wir nun richtigstellen können, verschiedengradige Äußerungsbereitschaft und -Freiheit finden, sagt nichts gegen die Bedeutung der eben beschriebenen, in der Kinderstube wirksamen Störungsfaktoren. Wir finden bei Geschwistern, die unter „gleichartigen Verhältnissen" groß geworden sind, auch nebeneinander Schüchterne und Dreiste, und wir würden es als ein oberflächliches Urteilen bezeichnen, wenn man den Dreisten nur deshalb, weil er dreister ist, für den „Begabteren" erklärte! Gewissenhafte Untersuchung wird immer zeigen, warum eine im allgemeinen geringe Neigung zu Widerstand gegen hemmende Einflüsse in dem besonderen Fall gerade zu Störungen der klanglichen Ausdrucksfähigkeit geführt hat.

Wenn wir den „Unmusikalischen" über seine Beziehungen zur Musik befragen, so gibt er fast stets schon durch die Art seiner Antworten – ohne daß wir erst seine Störungen prüfen müssen – genügend Anhaltspunkte, um den Fall zu verstehen. Fast stets sind Einschüchterungsversuche und Entmutigungserlebnisse aus der frühen Kindheit nachweisbar. Es sind Erlebnisse, die dem Betroffenen entweder nicht bewußt geworden sind oder die nur gründlich „vergessen" waren. Allein ein Erinnern daran löst oft schlagartig alle Hemmungen. In anderen Fällen muß man erst, sei es durch Überrumpelung, sei es durch überzeugende, logisch begründete Experimente, die Behauptung von dem Vorhandensein einer selbstverständlichen, natürlichen, *allgemeinen* Anlage bekräftigen. Es ist tatsächlich möglich, in wenigen Minuten jeden Unvorbereiteten durch bestimmte Klangzusammenhänge und durch zweckmäßig angeordnete Erfahrungsgelegenheiten bewußt erleben zu lassen, daß nicht eine Fähigkeit fehlt, sondern daß ihn nur überwindbare Hemmungen behindern! Von entscheidender Wichtigkeit ist dabei, daß solche Versuche nie mit einzelnen gemacht werden. Je größer der Kreis, desto zwingender wird der Eindruck. Durch die Gemeinsamkeit des Erlebnisses tritt die Selbstverständlichkeit dieser Vorgänge so stark hervor, daß es dadurch für den „Unmusikalischen" tatsächlich unvorstellbar wird, gerade er sei der einzige, dem diese Fähigkeit abgehe! Damit ist der üblichen Auffassung von der Unbegabtheit der Unmusikalischen das überzeugende Erlebnis des Gegenteils entgegengestellt. Von solchen Erlebnissen können weit über das Musikalische hinausreichende, befreiende Wirkungen ausgehen. In vielen Fällen genügt allein das Spüren unseres Zutrauens zu dem Vorhandensein seiner Ausdrucksfähigkeit, um dem bis dahin „Unmusikalischen" die für den erfolgreichen Versuch einer Äußerung notwendige Ermutigung zu geben. Das geht mitunter so weit, daß Menschen, die sich noch zu Beginn einer Aussprache als „unmusikalische" Gegenbeweise vorstellten, die behaupteten, nicht „hoch" von „tief" unterscheiden, überhaupt „keinen Ton hervorbringen" zu können, eine Stunde später vergnügt summend den Raum verlassen. Anderen wieder hat als Anstoß für die erfolgreiche Durchführung eines ein Leben lang nicht gewagten Musizierversuches bereits die Lektüre von Ausführungen wie diesen hier genügt.[1]

Um die Folgen von schon lange bestehenden Hemmungen und Verbildungen beim Erwachsenen zu überwinden, genügt natürlich nicht das Mutmachen allein, es stellt nur die *Bereitschaft* zur Auseinandersetzung mit der Musik wieder her. Es ist selbstverständlich, daß das plötzlich gewonnene Vertrauen zur eigenen Ausdrucksfähigkeit nicht ohne weiteres Freiheit und Sicherheit im Gebrauch des Ausdrucksmittels geben kann.

Es bedarf dazu auch aktiver Maßnahmen und in schweren Fällen einer größeren psychologischen und musikalischen Erfahrung. Aber ein Erfolg ist in jedem Fall sicher, in dem der „Unmusikalische" selber den Wunsch nach Äußerung hat. Es ist dabei gleichgültig, ob es sich um einen Zehnjährigen oder einen Siebzigjährigen handelt. Auch die Meinung, daß man für so Vielerlei „zu alt" sein könnte, ist eine der zum Komplex der entmutigenden Begabungsurteile gehörenden „Selbstverständlichkeiten", die nicht oft und nachdrücklich genug angezweifelt werden können.

Eine ganz andere Frage ist es, ob und wieweit es überhaupt wünschenswert ist, den nun nicht mehr Unmusikalischen auf den üblichen Weg und damit zu unserem üblichen Musikbetrieb zu bringen. Wenn wir die Ausdrucksfähigkeit, die mindestens ebensosehr durch die übliche Art des Musikbetriebs und der Musikerziehung wie durch die bisher geschilderten Ursachen bedroht ist, wirklich nachhaltig schützen wollen, wird auch in der Musik vieles anders werden müssen. Welch ein Abstand besteht zwischen den tatsächlichen Verhältnissen und unserer Forderung, daß Musik allgemeines Ausdrucksmittel sein soll, daß jeder im Bereich des Klanges zu ähnlich unmittelbaren und selbstverständlichen Äußerungen und zu ähnlich klar erfassendem „Aufnehmen" gelangen soll wie etwa beim Gebrauch der Muttersprache!

Nichts kann die Unsinnigkeit der üblichen Musikauffassung drastischer veranschaulichen als der Hinweis auf die Muttersprache. Nichts kann deutlicher zeigen, worin die gewohnte Art unseres Musizierens sich ändern muß. Würde es nicht sonderbar berühren, wenn jemand bei seiner Muttersprache vor allem an Literatur, Dichtung, dramatische Rezitation, an „Fach" und „Kunst" denken würde

1 Für die an tausendfältigen Beobachtungen in der Musik gemachte Feststellung von der großen Rolle, die die Entmutigungsfaktoren bei der Entstehung eines falschen Begabungs- oder vielmehr Unbegabtheitsbildes spielen, erhielt ich neuerdings eine außerordentlich wertvolle und erweiternde Bestätigung durch Alfred Adler, den Begründer der Individualpsychologie. Von einer ganz anderen Seite her, von der Behandlung der Neurose kommend, betont er stark den Zusammenhang, der zwischen Entmutigtsein und Nicht-Begabung besteht.

anstatt an spontane Äußerung und Verständigung? – „Musik" aber ist heute für fast jeden der Apparat des Musikbetriebs: Konzerte, Sänger, Orchester, Dirigenten, Lieder, Symphonien und Opern. Verwunderlich ist das allerdings nicht; denn in der Musik sind gerade die wesentlichen Voraussetzungen eines Ausdrucks- und Verständigungsmittels – spontane Äußerungen, spontanes Erfinden und Empfinden – fast verschwunden. Wir kennen Musik fast nur noch als Eindrucksmittel, und zwar als ein Eindrucksmittel, das in seiner Wirkungsmöglichkeit wesentlich auf ein zum Musik-„Verständnis" erst heranzubildendes „Publikum" angewiesen ist! Alle Musikbetätigung verläuft fast nur noch in der Richtung auf den Zuhörer, auf das Publikum, und die Vorführung ist wieder nur Reproduktion von festgelegten Zusammenhängen. Eigene Erfindungen und Empfindungen zu Ausdruck zu gestalten, um sich mitzuteilen, erscheint als Reservat eines kleinen Prozentsatzes der Sich-Äußernden, der sogenannten Komponisten oder der noch selteneren Improvisations-„Begabungen"! Dabei müßte als erstes von jedem Musizierenden gefordert werden, daß er frei, klar und überzeugend Musik „spräche". *Musik wie eine Sprache sprechen, müßte als selbstverständliche Voraussetzung für die Verfügbarkeit des Ausdrucksmittels gelten, ja dafür, daß wir überhaupt von Ausdrucksmittel reden dürften!*

An diesem Ziel mag deutlich werden, warum wir den nicht mehr „Unmusikalischen" nicht zu den Aufgaben und Leistungen der „Musikalischen" erziehen dürfen. Im Gegenteil: Nachdem wir erkannt haben, daß die Frage „Muß es Unmusikalische geben?" mit „Nein" zu beantworten ist, fordern veränderter Sinn und Bedeutung des „Musikalisch-Seins" eine andere Führung der „Musikalischen", wenn das erreichbare Ziel des *allgemeinen Ausdrucksmittels* Wirklichkeit werden können soll.

Persönliche Daten

HEINRICH JACOBY

geboren am 3.4. 1889 in Frankfurt am Main, bis 1940 deutscher Staatsangehöriger, ab 1935 in Zürich. 1955 Schweizer Bürger, gestorben 1964 in Zürich. 1907 Beginn des Musikstudiums in Straßburg i. E.
Von 1908-1913 Schüler in der Kompositions- und Dirigentenklasse von Hans Pfitzner. (Hörte Philosophie und Psychologie an der Universität.)
Von 1909-1913 unter der Direktion von H. Pfitzner Kapellmeister und Regievolontär am Straßburger Stadttheater.
Ab 1913 (wegen Ablehnung der traditionellen Musikerziehung) Lehrer für Harmonie- und Formenlehre an der Lehrerbildungsanstalt Jacques Dalcroze in Dresden-Hellerau und Mitarbeit an der Einstudierung der Festspiele.
Ab 1915 Leiter der Lehrerbildung für Musik an der »Neuen Schule für angewandten Rhythmus« in Dresden-Hellerau.
1917-1919 Seminarleitung in München: Untersuchungen über Zweckmäßigkeit und Grenzen der Sinnesschulung und über Ursachen der Entstehung von »Unbegabtheit« auf dem Gebiet der Musik.
1919-1922 Leitung der Musikerziehung in der Odenwaldschule. Untersuchung über Störungen der Ausdrucksfähigkeit durch die Kleinkindererziehung.
1922-1924 Mitarbeit am Auf- und Ausbau einer höheren Versuchsschule in Dresden-Hellerau.
1924-1933 Arbeit als Privatgelehrter in Dresden und Berlin, ab 1928 ausschließlich in Berlin. Arbeitsgemeinschaften zur Einführung in die praktischen pädagogischen Ergebnisse seiner Untersuchungen für Lehrer, Ärzte, Heilpädagogen, Psychotherapeuten und ausübende Künstler u. ä. Übertragung der Erfahrung auf dem Gebiet des musikalischen Ausdrucks auf Probleme des Sprechens, der Stimme, der Sprache, der Bewegung, der bildnerischen Gestaltung. Untersuchung der Bedeutung von Zustand und Verhalten für die Qualität von Wahrnehmungs-, Ausdrucks- und Gestaltungsvorgängen unter ganzheitlichen Voraussetzungen.
Ab 1935 Arbeit unter erschwerten Bedingungen in Zürich. Arbeitsgemeinschaften, Einführungskurse, Ferienkurse im Rahmen der »Schweizerischen Vereinigung zur Förderung der Begabungsforschung«.

Weitere Ausgaben

Heinrich Jacoby:

JENSEITS VON >BEGABT< UND >UNBEGABT<
Zweckmäßige Fragestellung und zweckmäßiges Verhalten - Schlüssel für die Entfaltung des Menschen

Einführungskurs 1945. Herausgegeben von Sophie Ludwig.

Mit einer Einleitung, die zwei skizzierende Darstellungen zusammenfasst, die Heinrich Jacoby 1939 von seiner Arbeit gegeben hat.

Dieses Buch dokumentiert einen Kurs, in dem Heinrich Jacoby 1945 in Zürich die Ergebnisse seiner Untersuchungen eingeführt hat. Diese betreffen: ‚... biologische, soziale und pädagogische Faktoren, die beim Entstehen sogenannter Begabungsunterschiede beteiligt sind, - Bedingungen einer zuverlässigeren Sicherung der Entfaltung des Kindes, die für den Gesamtbereich aller Erziehung gelten, und verhaltensmäßige Voraussetzungen bewusster, praktischer Arbeit an der eigenen Entfaltung und Nachentfaltung von Erwachsenen.' Es werden Antworten auf zentrale Fragen vermittelt, mit denen sich jeder, und besonders wer für die Erziehung, die Entfaltung von Menschen verantwortlich ist, auseinandersetzen sollte: Wie können wir trotz der erschwerenden Bedingungen unserer Gesellschaft die naturgegebenen zweckmäßigen Verhaltensweisen dem Kind erhalten und als Erwachsene wiedergewinnen.

Erweiterte Neuausgabe mit Register.
ISBN: 9783939969020
7. unveränderte Auflage, Dez. 2011, Christians - kartoniert - 375 Seiten, mit Abb., **€ 25**

Heinrich Jacoby:

MUSIK
Gespräche - Versuche 1953 -1954

Dokumente eines Musikkurses. Herausgegeben von Sophie Ludwig.

Erweiterte Neuausgabe mit Hörbeispielen aus dem Kursgeschehen, zusammengestellt von Rudolf Weber, bearbeitet im Auftrag der Heinrich Jacoby-Elsa Gindler-Stiftung.

Mit Vorworten zu beiden Auflagen von Rudolf Weber/Helmuth Hopf und Rudolf Weber, einer Einleitung nach Notizen Heinrich Jacobys zu seinem Leben und seiner Arbeit, zusammengestellt und ergänzt von Sophie Ludwig, und einem Nachwort von Rudolf Weber zu Dokumentation – Kontexten – Intentionen.

Sieben Hörbeispiele auf einer CD.
ISBN 9783981647426
2003, Christians, Broschur, 376 S., CD, mit Abb., Sonderpreis, **€ 10**

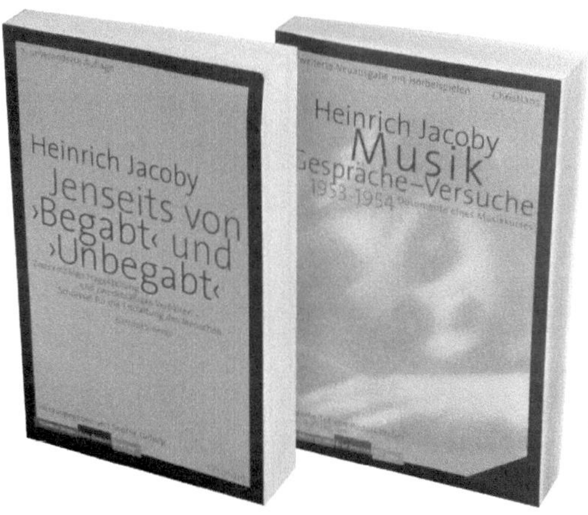

Impressum

Jacoby, Heinrich: Jenseits von ‚Musikalisch' und ‚Unmusikalisch'
Bearbeitet und herausgegeben von Sophie Ludwig

Foto: Archiv der Heinrich Jacoby-Elsa Gindler-Stiftung

erweiterte Auflage 2018

Herausgeber:
Heinrich Jacoby - Elsa Gindler - Stiftung

Druck und Verlag: Books on demand GmbH, Norderstedt
Satz und Gestaltung: Harald Rautenberg

Die Deutsche Nationalbibliothek verzeichnet diese Publikation in der deutschen Nationalbibliographie; detaillierte bibliographische Daten sind im Internet über http://dnb.d-nm.de abrufbar.

ISBN: 978-3-752-88672-6